हार के बाद ही जीत है

श्री जोगिन्दर सिंह

पूर्व निदेशक, सी.बी.आई.

डायमंड बुक्स

प्रकाशक : डायमंड पॉकेट बुक्स (प्रा.) लि.
X-30 ओखला इंडस्ट्रियल एरिया, फेज-II
नई दिल्ली-110020
फोन : 011-40712200
ई-मेल : sales@dpb.in
वेबसाइट : www.diamondbook.in
मुद्रक : रेप्रो (इंडिया)

Haar Ke Baad Hi Jeet Hai
by : Shree Jogindar Singh

भूमिका

सेल्फ-इंप्रूवमेंट विषय पर बाजार में अनेक पुस्तकें उपलब्ध हैं। यह उन्हीं में से एक होने के बावजूद, विविध प्रकार से अलग है। यह आपको सिखाती है कि जीवन में किस तरह छोटी-छोटी बातों को ध्यान में रख कर, मनचाही सफलता पाई जा सकती है। हम सभी किसी-न-किसी रूप में सफल तो होना चाहते हैं, किंतु अधिकतर अपने उद्‌देश्य के विषय में स्पष्ट नहीं होते। जब भी मैंने युवा मित्रों से इस विषय में पूछा, तो उनका एक ही रटा-रटाया उत्तर था 'एक अच्छी नौकरी पाना'। किंतु कैसी नौकरी, इस बारे में वे कुछ खास नहीं बता पाते। सफलता के कई अंग हैं। यह पुस्तक अपनी सरल व सहज शैली में यही सिखाती है कि आप अपने लक्ष्यों तक कैसे पहुँच सकते हैं। असफलता आपको स्वभावविक रूप से सिखाती है कि आप कहाँ गलत थे, यह एक बेहतरीन शिक्षक है। जीवन के किसी भी क्षेत्र में हमारी उपलब्धियों की कोई-न-कोई कीमत होती है, किंतु समस्या यह है कि हम वह कीमत चुकाए बिना ही सफलता पाना चाहते हैं। दीर्घकालीन महत्त्वाकांक्षाओं की पूर्ति के लिए आवश्यक है कि हम कड़ी मेहनत और अल्पकालीन लाभों से ऊपर उठने की प्रवृत्ति के रूप में, कीमत अदा करें। दूसरे शब्दों में, इसका अर्थ है: लगातार काम करना व लक्ष्य प्राप्ति तक न रुकना।

मैं अपने अच्छे मित्र व प्रकाशक श्री नरेन्द्रकुमार जी के सुझावों के प्रति आभार व्यक्त करता हूँ। इस पुस्तक के अध्याय इस तरह लिखे गए हैं कि अगर आपके पास किसी मीटिंग से पहले या ट्रेन/प्लेन पकड़ने से पहले दस मिनट

का भी वक्त है, तो आप एक अध्याय पूरा पढ़ सकते हैं। आप इस पुस्तक से क्या पाते हैं, यह तो प्रत्येक पाठक पर व्यक्तिगत रूप से निर्भर करता है। यह एकमात्र ऐसी पुस्तक है, जिसे आप किसी भी अध्याय के बीच से या कहीं से भी पढ़ें, कुछ–न–कुछ ज्ञान तो पा ही लेंगे।

–जोगिन्दर सिंह
पूर्व निदेशक,
सी.बी.आई.

समर्पण

मेरे दौहित्र व दौहित्रियों के नाम
दानिश अब्बासी, मन्नत कौर, अमृता कौर,
रूहानी बाकरू व मेहर बाकरू!
जो कि दूसरों के साथ इस पुस्तक का लाभ पाएँगे।

विषय सूची

अद्‌भुत परिणाम पाने के लिए समय का प्रबंधन कैसे करें?

समय एक ऐसी वस्तु है, जो प्रत्येक व्यक्ति को समान मात्रा में मिली है। कुछ व्यक्ति इसके संयमित व विवेकपूर्ण प्रयोग से अपने व्यवसाय, उद्योग या चुने गए कार्य क्षेत्र में ऊँचाइयों तक पहुँच जाते हैं, तो कुछ छात्र, इन्हीं चौबीस घंटों के बुद्धिमतापूर्ण उपयोग से सरकारी या निजी क्षेत्र में उच्च पद सुरक्षित कर पाते हैं। यहाँ दिए गए सुझावों का पालन कर, प्रत्येक व्यक्ति ऊँचाइयों तक पहुँच सकता है। यह सूची केवल विस्तृत है, अंतहीन नहीं। समय के प्रयोग का उचित तरीका यही है कि इसे पहले से नियोजित कर लें; आप उसे कहाँ लगाना चाहते हैं। यद्यपि ध्यान दें कि उन्हीं मामलों पर अधिक समय व्यय हो, जो आपके लिए सबसे ज्यादा महत्त्वपूर्ण हैं।

यदि हम योजना बनाने में असफल हैं, तो हम असफल होने की योजना बना रहे हैं। उचित समय प्रबंधन के लिए, नियोजन का साधन अपनाना, समय की बरबादी नहीं होता।

मैं जो पूरे दिन में किए जाने वाले कार्यों की सूची पहले ही तैयार कर लेता हूँ, कभी-कभी तो शाम को या आधी रात को भी नोट कर लेता हूँ। मैंने अपने सैक्रेटरी से भी कह रखा है कि वह किए जाने वाले कार्य व मुलाकातों के समय अपनी डायरी में लिखने के साथ-साथ, स्टडी में मेरे कैलेंडर पर भी नोट कर दिया करे। मैंने कंप्यूटर को भी इस तरह प्रोग्राम कर रखा है कि वह मुझे जरूरी कामों की याद दिला सके। ई-मेल एकाउंट से मुझे प्रतिदिन एक ई-मेल आ जाता है, जिसमें प्रतिदिन की मुलाकतों, निमंत्रण व जरूरी कामों की सूची होती है।

जब भी अपने जीवन, कार्य या समय को व्यवस्थित करें, तो इस तरह करें कि यह आपको आसानी से समझ आए और आपकी प्रभावोत्पादकता में भी

वृद्धि हो। मैं अपने दिन की शुरुआत से पहले अपनी स्टडी व ड्राईंगरूम को व्यवस्थित करता हूँ क्योंकि मेरा आधा दिन वहीं बीतता है। आप जो भी करें, आपको पहले से तयशुदा लक्ष्यों पर कार्य करते हुए ही समय बिताना चाहिए किंतु यह ध्यान रहे कि आपके लक्ष्य निश्चित, परमेय, वास्तविक तथा पाने योग्य हों। हमें निरंतर लक्ष्यों को इन संदर्भों में जाँचते रहना चाहिए।

बहुत से लोग ऐसे हैं, जो जीवन में आने वाली हर चीज़ को अपना लेते हैं। नतीजन ऐसे लोग एक क्लांत जीवन जीते हैं। जीवन का उद्‌देश्य किसी मंज़िल से अधिक नहीं है, जिस तक हम कभी भी या दिए गए समय में पहुंचना चाहते हैं।

जब मैं सर्विस में आया, तो यह तक नहीं जानता था कि मैं किन ऊँचाइयों तक जा सकता था। मेरा उद्‌देश्य सिर्फ यही था कि उस समय दिए गए कार्य को पूरी मेहनत व ईमानदारी से निभाते हुए, एक सकारात्मक पहल के साथ सफलता में बदल दूँ। इसी सोच ने मुझे प्रशंसा व सम्मान अर्जित करने में सहयोग दिया। मुझे हर दिए गए कार्य में विश्वास पात्र माना जाने लगा।

हमें यह बात हमेशा दिमाग में रखनी चाहिए कि कोई भी जन्मजात संपूर्ण नहीं होता। हमें परस्पर सीखना चाहिए, दूसरों की भूलों व सफलता के रहस्यों से सबक लेना चाहिए। इसके साथ ही यह भी ध्यान रहे कि हम अपनी महत्त्वाकांक्षा के अनुसार ही जीवन व्यतीत करें। हो सकता है कि आपके उद्‌देश्य की राह में बड़ी-से-बड़ी बाधाएँ आएँ, किंतु कुछ भी असंभव नहीं होता। यदि कोई समस्या आन पड़े तो आधा-अधूरा जीवन जीने के बजाय उसका डटकर सामना करें।

सबसे बेहतरीन सफलता इतनी आसानी से हाथ नहीं आती। कड़े प्रयत्नों व दृढ़ता के रूप में भारी कीमत चुकानी पड़ती है। वर्तमान जीवन हमारे अपने ही प्रयत्न का फल है। यह हम पर ही निर्भर करता है कि हम इसे किस रूप में गढ़ कर, संवार कर, सुधार सकते हैं।

हम जो भी करें; उसे सबसे प्रभावी व उत्पादक तरीके से करना चाहिए। समय के योग्य व रचनात्क उपयोग से ही यह संभव है।

हमें राह में आने वाली अड़चनों के बजाय, अपने लक्ष्यों को साथ लेकर आगे जाना है। बाधाएँ तो प्रतिदिन आएँगी। एक इतालवी अर्थशास्त्री 'परेटो' ने 80/20 का बहुत बढ़िया नियम दिया है। इसे हम अपने लक्ष्यों के साथ-साथ समय प्रबंधन पर भी लागू कर सकते हैं। उसमें इस बात की पहचान भी

शामिल है कि कौन-सी 20 प्रतिशत उपलब्धि, सदुपयोग से, 100 प्रतिशत सामूहिक परिणामों के विरुद्ध प्राप्त लक्ष्यों से 80 प्रतिशत उपलब्धि, समृद्धि व प्रसन्नता प्राप्त होंगे। यह सुनिश्चित करना आवश्यक है कि यह 80/20 नियम आपके जीवन के उद्देश्यों के कुल व संपूर्ण उद्देश्य का एकरेखीय होना चाहिए।

न केवल 80/20 का नियम लक्ष्यों के लिए महत्त्वपूर्ण है, बल्कि यह उस 80/20 पद या समय प्रबंधन के पद के लिए भी मायने रखता है, जिसे हमने अपनी महत्त्वकांक्षाएँ साकार करने के लिए प्रयोग में लाना है।

हमारी मंज़िल या लन्च तक पहुँचने के एक से अधिक तरीके हो सकते हैं। यदि हम कोई ऐसी पहल चुनते हैं, जिसमें थोड़े अधिक प्रयत्न करने पड़ें, तो निश्चित रूप से हमने थोड़ा प्रशंसनीय पद चुना है। दूसरे रास्तों पर, कड़ी मेहनत व लगन के बावजूद इतने अच्छे नतीजे हाथ नहीं आ पाएँगे। निःसंदेह जितना गुड़ डालेंगे, उतना ही मीठा होगा। कुछ ऐसे लोग भी होते हैं, जो थोड़े प्रयासों से अधिक परिणाम पा सकते हैं।

प्राथमिकता देना व कार्यों की सूची बनाना भी बहुत अहमियत रखता है। प्राथमिकताओं के अनुसार काम की सूची में फेर-बदल करते रहें। आप एक दैनिक कार्य सूची बना सकते हैं या फिर यह मासिक अथवा दीर्घकालीन हो सकती है।

हम चाहे जो भी करें, लेकिन हमें अनपेक्षित बाधाओं के लिए हमेशा प्रस्तुत रहना चाहिए क्योंकि ये जीवन का एक हिस्सा है। इन अनपेक्षित बाध ाओं के लिए भी थोड़ा समय बचा कर रखें। अचानक कोई निकट मित्र मिलने आ सकता है, आपका साथी फोन कर सकता है या फिर कोई रॉन्ग नंबर ही आपके काम की तल्लीनता भंग कर सकता है।

हम सबका एक बेहतर जैविक समय होता है, जब हमारी क्षमता शिखर पर होती है। कुछ लोग दिन में ज्यादा बेहतर काम करते हैं, तो कुछ रात को। मैं प्रातः दोपहर दो बजे के बाद काम शुरू करता हूं, जो रात दस बजे तक चलता है। मैं दोपहर से पहले किसी काम का वादा नहीं करता। अपने बेहतर समय में सबसे पहले उच्च प्राथमिकता कार्य करता हूं। ईश्वर के सिवा कोई भी संपूर्ण न हो, किंतु हम श्रेष्ठ तो कर ही सकते हैं। श्रेष्ठ व अच्छे समय प्रबंधन का एक अंग यह भी है कि जिन छोटे-मोटे कार्यों का कोई दीर्घकालीन मोल न हो, उन्हें भुला दिया जाए या किसी दूसरे को सौंप दिया जाए।

समय प्रबंधन की एक और तकनीक से भी काफी लाभ होता है। वह है समय नष्ट करने वाली गतिविधियों को 'न' कहना, ये वह गतिविधियां हैं जो आपके लक्ष्यों की प्राप्ति में कहीं सहायक नहीं होती हालांकि यह ध्यान रहे कि आपने रूखेपन से नहीं, बल्कि पूरी विनम्रता से 'न' कहना है।

स्वयं से लगातार पूछते रहें कि किस की गतिविधि में आप लिप्त हैं, वह समय का प्रभावी व उत्पादक प्रयोग है या नहीं। निरंतर आत्मनिरीक्षण द्वारा, हम अपने उद्देश्यों पर केंद्रित रह सकते हैं।

समय का बुद्धिमतापूर्वक प्रबंधन, उत्पादकता में चौगुनी वृद्धि कर सकता है। प्रायः हमें अपने कार्यस्थल पर पहुंचने में घंटों लगाने पड़ते हैं। बेहतर होगा कि सफर के दौरान किसी अच्छी पठनीय सामग्री के एक-दो अध्याय हो जाएं। मैं तो पहले से ही तय कर लेता हूं कि यात्रा का समय कैसे बिताऊंगा। यदि मैं प्लेन, कार या ट्रेन से जाता हूं, तो लैपटॉप पर काम करता हूं या पुस्तक का अगला अध्याय और कोई लेख तैयार करता हूं। यहां तक कि सार्वजनिक वाहनों का प्रयोग करते समय भी कागज की शीट इस्तेमाल करते हुए, अगली मुलाकतों वा कार्यों का ब्यौरा रखा जा सकता है।

समय स्वयं कुछ भी नहीं, जब तक आप इसका इस्तेमाल नहीं करते, हमें समय को एक उपयोगी साधन के रूप में इस्तेमाल करना चाहिए। जो समय बीत गया, उस नष्ट समय पर पछतावा न करें, इससे तो और अधिक समय नष्ट होगा। जो भी काम करना हो, बस उसे शुरू कर दें। ●

शानदार परिणामों के लिए 80/20 नियम का प्रयोग कैसे करें ?

तेजी से भागती-दौड़ती ज़िंदगी में, एक से दूसरी मुलाकात या एक से दूसरे काम में मग्न होते-होते, हम यह भूल जाते हैं कि जीवन को प्रसन्नता पूर्वक जीना व आनंद लेना ही, इसका आधारभूत उद्‌देश्य है।

'परेटो' का नियम कहता है कि 20 प्रतिशत प्रयासों से, आठ प्रतिशत परिणाम आते हैं। यद्यपि जब इसे अपने जीवन में उतारने की बात आती है, तो हम प्राय: इस खास नियम को अनदेखा कर देते हैं। इस नियम के प्रभावी प्रयोग से हम एक अच्छा जीवन पा सकते हैं। इस 80/200 नियम को हमारे करियर, संबंधों, स्वास्थ्य, आदतों, लक्ष्यों की प्राप्ति, उत्पादकता, भाव व तकरीबन प्रत्येक गतिविधि पर लागू कर सकते हैं।

हालांकि, यह नियम काम बांटने या अपने काम से अधिक करने पर लागू नहीं होता। मिसाल के लिए मैं जब भी घर से बाहर जाता हूं, तो बाहर के सारे कामों की सूची बना लेता हूं, फिर चाहे वे बाजार के हों, या किसी से मुलाकात करनी हो। यहां तक कि सुबह की सैर या नहाने जाते समय भी मैं इसी नियम का प्रयोग करता हूं। मैं इस समय के दौरान, डिजीटल रिकार्डर या कैसे प्लेयर्स पर अपनी सकारात्मक चिंतन से जुड़ी पुस्तकें सुनता हूं।

नि:संदेह यह यांत्रिक व अवचेतन रूप से होता है, मुझे अहसास तक नहीं होता कि मैं क्या कर रहा हूं। मैं अपने लक्ष्यों व प्राथमिकताओं पर केंद्रित रहने के लिए, गैरजरूरी कामों को अनदेखा करता हूं या दूसरे से करवा लेता हूं। मेरा निजी सैक्रेट्री व ड्राइवर, इस तरह के सभी काम निपटाते हैं।

साथ-साथ, मैं गुणवत्ता से भरपूर काम का आनंद लेता हूं। मैं पूरी कोशिश करता हूं कि नकारात्मकता से दूर रहूं तथा उन्हीं लोगों का साथ रखूं, जो मुझे पसंद है। हम जो भी करें, पर हमें अपने लक्ष्य के प्रति सचेत रहना चाहिए। अपनी प्रतिक्रिया व उपलब्धि के विषय में भी सचेत होना चाहिए।

बेहतर होगा कि हम जो भी पाना चाहें, उस छोटी-से-छोटी व बड़ी-से-बड़ी उपलब्धि की सूची बना लें। अब पहचानें कि कौन-से लक्ष्य 80/20 नियम में फिट होते हैं। ये वे 20 प्रतिशत लक्ष्य हैं, जो प्राप्त होने पर 80 प्रतिशत संतोष या प्रसन्नता देंगे। कई बार ये निरीक्षण करना भी आवश्यक हो जाता है कि हम अपने उद्देश्य के साथ चल रहे हैं या नहीं।

निःसंदेह हमारे उद्देश्य हमारे पर्यावरण व प्रभावों पर काफी हद तक निर्भर करते हैं। हमारे लक्ष्यों व उद्देश्यों के प्रति उत्तर हमारे साथियों, माता-पिता, धार्मिक व अधार्मिक पालन-पोषण द्वारा विकसित होते हैं।

यद्यपि, यदि हम भरपूर जुनून स्नेह व उमंग के साथ नहीं जी रहे, तो हमारा जीवन लक्ष्य व उद्देश्य के साथ एकरेखीय नहीं है। सभी मनुष्यों का एक जैसा उद्देश्य नहीं होता। वैसे भी समय-समय पर उद्देश्य बदल भी सकते हैं। एक उद्देश्य पूरा होने के बाद हम बेहतर उद्देश्य या महत्त्वाकांक्षा की ओर जाना चाहते हैं। यह एक निरंतर चलते रहने वाला प्रश्न है, जिसके हम उत्तर तलाशते रहते हैं।

हमें 80/20 नियम को ध्यान में रखते हुए, सबसे प्रभावी शस्त्र बुनना चाहिए। राह चाहे कोई भी चुने, कदम उठाने के बाद स्वयं को ऐसी मानसिक बाधा में न डालें कि संभवता आप सफल नहीं हो पाएंगे। प्रभावी व बेहतर पथ चुन पाने का कोई तयशुदा फार्मूला नहीं होता। आपको अपनी गलतियों से सबक लेकर व भूल-सुधार विधि द्वारा इसे तलाशना है।

हमेशा ऊंचाइयों पर व प्रसन्नचित्त कैसे रहें ?

यदि आप चाहते हैं कि आप ऊंचाई पर हों और प्रसन्नचित्त रहें, तो उसका एक ही तरीका है, हमेशा दूसरों को प्रसन्न रखें। दूसरों की सहायता करने में कोई हर्ज नहीं है, किंतु यदि आप इसे अपनी प्राथमिकताओं, वचनबद्धताओं व जरूरतों की कीमत पर करते हैं, तो आप हमेशा अप्रसन्न महसूस अनुभव करेंगे। आपको इस बात का भी अहसास होगा कि आप अपने वांछित लक्ष्यों, इच्छाओं व उद्देश्यों को हासिल नहीं कर पा रहे हैं।

इसके साथ ही, आपको सुनिश्चित समय अंतराल के साथ, सुनिश्चित लक्ष्यों की भी जानकारी होनी चाहिए। आपकी वचनबद्धता के स्तर, उत्साह व प्रेरणा में मेल होना भी जरूरी है। बड़े लक्ष्य पाने हैं, तो बड़े कदम उठाने होंगे। आपके पास पथ में आने वाली हर बाधा पर हावी होने, उसका सामना करने व उस पर विजय पाने का साहस होना चाहिए।

पराजितों से दूर रहें - ऊंचाइयों पर रहने का एक तरीका यह भी है कि आप पराजित व नकारात्मक लोगों का साथ छोड़ दें, क्योंकि वे हमेशा यही बताने की कोशिश में रहते हैं कि कोई काम क्यों नहीं कर सकते या आप अपने लक्ष्य क्यों नहीं पा सकते। इन पराजितों के दल का हिस्सा न बनें, क्योंकि इनमें से कुछ को बदल पाना नामुमकिन होता है। यदि आप उनके साथ रहेंगे, तो नकारात्मकता की चपेट में आते देर नहीं लगेगी।

लगातार सीखते रहें - आपको लगातार कुछ-न-कुछ सीखते हुए अपनी जानकारी बढ़ाते रहना चाहिए। यही स्वयं में सुधार लाने का एकमात्र उपाय है। ज्ञान की कोई सीमा नहीं होती। आप जितना जी चाहे, सीख सकते हैं। यदि आप मानते हैं कि आपने सब कुछ सीख लिया है, आपको कुछ भी सीखने की जरूरत नहीं, तो जान लें कि आपने अपने करियर का मृत्यु लेख लिख

दिया है। यदि सफल होने की इच्छा रखते हैं, तो कामों को बेहतर तरीके से करने के लिए समय लगाना होगा। अधिक-से-अधिक सीखते रहना होगा ताकि एक से दूसरी सफलता तक जा सकें। ईमानदारी भी एक बड़ी खूबी है, आपको यह मानने में संकोच नहीं होना चाहिए कि आप जो नहीं जानते, वह नहीं जानते।

प्रेरणा का स्तर ऊंचा रखें - प्रेरणा का स्तर इतना ऊंचा हो कि आप हमेशा एक से दूसरे लक्ष्य तक जाने के लिए प्रेरित रहें। आपको अहसास हो कि सफलता की राह में अड़चनें भी होती हैं और आप उन बाधाओं व अड़चनों के बावजूद, यात्रा को अधूरा नहीं छोड़ने वाले।

हमेशा मुस्कराते रहें - यदि कोई सलाह या बात आपके तर्क की कसौटी पर खरी न उतरे, तो उसे न मानें। प्रत्येक गतिविधि का उद्देश्य यही होना चाहिए कि उससे प्रसन्नता प्राप्त हो। यह तभी संभव है, जब आप अपने संप्रेषण में पूरी तरह स्पष्ट होंगे। यह ध्यान रहे कि आपने किसी भी परिस्थिति में भयभीत नहीं होना। एक मुस्कराता चेहरा हमेशा लोगों को आकर्षित करता है व उन पर प्रभाव डालता है। गंभीरता भी जरूरी है, पर उतनी ही जितनी आवश्यक हो। क्योंकि प्रायः यह गलत प्रभाव भी डालता है। आप जो नहीं हैं, वह होने की कोशिश न करें। यदि आप ऐसा करते हैं, तो इसका अर्थ होगा कि आप स्वयं को मूर्ख बना रहे हैं। आपकी अच्छी भाव-भंगिमा आपके संपूर्ण व्यक्तित्व को प्रभावी बना सकती है। हमें यह भी ध्यान रखना चाहिए कि हम हर समय हर काम के लिए पूर्ण रूप से तैयार नहीं होते।

शांत रहें व दूसरों को भी सहज व आरामदेह रखें - आपको न केवल स्वयं को शांत व सहज रखना है, बल्कि अपने संपर्क में आने वाले प्रत्येक व्यक्ति को भी आरामदेह महसूस करवाना है। हमें अपने सपनों को साकार करने के लिए आने वाले दिन की राह नहीं देखनी, बल्कि इस पर आज से ही काम शुरू कर देना है। आपको बड़े से बड़ा बनने का सपना देखना चाहिए। सफल व असफल लोगों में सबसे बड़ा अंतर एक ही होता है, वह है उनकी दृढ़ता। हमेशा ऊंचाई पर व प्रसन्नचित्त रहने का एक तरीका यह भी है कि व्यक्ति वित्तीय रूप से स्वतंत्र हो। जीवन में कई पहलू होते हैं; जैसे परिवार, व्यवसाय व सामाजिक जीवन आदि।

केवल आज में ही जिएं– प्रसन्न रहने का एक तरीका यह भी है कि बीते दिन की बुरी यादों को साथ न लाएं और न ही आने वाले कल की चिंता

करें। प्रायः हम जिस दुर्भाग्य की कल्पना कर लेते हैं, वह घटित ही नहीं होता। यदि कोई संकट या परेशानी सामने आ भी जाए तो याद रखें कि वह भी बीत जाएगी।

दिमाग में किसी भी चिंता का बोझ न डालें। हम आज का भार तो सह सकते हैं, किंतु बीते कल व आने वाले की कल की परेशानी का भार नहीं सह सकते। मनुष्य का स्वभाव भी बड़ा विचित्र होता है, वह एक शेर को तो चकमा दे सकता है, लेकिन किसी मच्छर या मक्खी को नहीं उड़ा पाता। ऊंचाई पर रहने का सबसे बेहतर तरीका यही है कि आने वाले कल की उन चिंताओं पर विचार न करें, जो संभवतः कभी घटित ही न हों। मिशेल डी मोंइज ने कहा है–

''मेरा जीवन ऐसे भयानक दुर्भाग्यों से भरपूर रहा है, जिनमें से ज्यादातर ऐसे हैं जो कभी घटित ही नहीं हुए।'' ●

संघर्षों का सकारात्मक समाधान व प्रबंधन कैसे करें?

संघर्ष या विवाद सामान्य बात है। यह भी जीवन का एक हिस्सा है। यदि कुछ लोगों के बीच प्राय: प्रेरणाओं, मूल्यों, धारणाओं या लोगों व घटनाओं की इच्छाओं के विषय में मतभेद होने से संघर्ष उत्पन्न होता है। हो सकता है कि ये मतभेद छोटे जान पड़ें, लेकिन वास्तविकता में व्यक्तिगत द्वेष का कारण बन सकते हैं।

यह जीवन की वास्तविकता है कि दो व्यक्ति एक जैसी समस्या के लिए एक जैसे समाधान नहीं अपनाते। हम संघर्षों के समाधान द्वारा सशक्त व्यक्तिगत व व्यावसायिक संबंध स्थापित कर सकते हैं। सभी मतभेदों को स्वस्थ भाव से, पूरे आदर मान के साथ हल करना चाहिए। किसी भी मतभेद या मनमुटाव को हल करने से पहले, आपको उसके कारण, अपनी भावनाओं व उसके बाद उठाए गए आपके कदमों पर विचार करना होगा।

किसी भी मतभेद, बहस या झगड़े को सुलझाने के लिए बहुत जरूरी है कि आप उसके मूल कारण का पता लगाएं। राष्ट्रों, व्यक्तियों व संगठनों के आपसी मतभेद सुलझाने में भी यही पहल काम आती है।

किसी भी विवाद का सबसे बड़ा कारण, वे लोग होते हैं, जो अपने पक्ष को हमेशा सही मानते हुए दूसरों को अपने सामने झुकाना चाहते हैं। प्राय: देखा जाता है कि शादीशुदा जोड़ों, परिवारों व संगठनों में छोटी-मोटी बातों पर ही विवाद शुरू हो जाते हैं। हालांकि, उन्हें स्थिति के बिगड़ने से पहले ही संभाल लेना, बेहतर होता है। वैसे संघर्ष समाधान निष्पक्ष भाव से किया जाना चाहिए।

यह जान लेना भी जरूरी है कि किसी भी संघर्ष का समाधान आपके स्वाभिमान, अपमान या दूसरों की मांगें मानने की विवशता की कीमत पर नहीं होना चाहिए और न ही सच्चाई और नियमों का बलिदान होना चाहिए।

संघर्ष का समाधान केवल इसलिए आवश्यक है कि समस्या का रचनात्मक समाधान, समूह निर्माण व संबधों के लिए नए रास्ते बना सकें। यह सच है कि हम सभी विभिन्न घटनाएं व जरूरतें देखते हैं, किंतु संघर्ष के सभी जायज स्त्रोतों की परख खुले दिल से की जानी चाहिए।

जो लोग समस्या का हल चाहते हैं, उनके लिए तो यह पहल सहायक हो सकती है, लेकिन जो हमेशा अपनी कही बात को ही पत्थर की लकीर मानते हैं, उनसे बहस करने का मतलब होगा, अपने समय की बरबादी।

निःसंदेह, हम सभी को अपना दृष्टिकोण ही बेहतर व निष्पक्ष लगता है, किंतु मैंने समस्या समाधान के दीर्घकालीन अनुभवों से सीखा है कि अनजाने स्त्रोतों से भी समस्याओं के हल निकल आते हैं।

मुझे यह भी अहसास हुआ कि किसी समस्या का समाधान उसका अंतिम उपाय नहीं होता, बल्कि जिंदगी में आगे बढ़ने के साथ-साथ उसमें भी सुधार या बदलाव की आवश्यकता होती है। आपका वास्ता जिन व्यक्तियों या परिस्थितियों से पड़ रहा है, उनके अनुसार तकनीकों में भी बदलाव लाना होगा।

संघर्ष समाधान के समय अपने भावों पर भी नियंत्रण होना आवश्यक है, ताकि हम बिना किसी भय, घबराहट या चीख-चिल्लाहट के अपनी बात कर सकें। एक तनावरहित जीवन के लिए संघर्ष विहीन वातावरण का होना जरूरी है। यदि बेवजह के विवाद से बचना चाहते हैं, तो अपमानित करने वाली, क्रोधी, या दिल दुःखाने वाली व दूसरों का मानभंग करने वाली भाषा का प्रयोग न करें।

यदि आपने ऐसा किया, तो बेशक दूसरा पक्ष भी अपने बचाव में उठ खड़ा होगा और कोई नतीजा नहीं निकलेगा। मैं तो अपने जीवन में यथासंभव संघर्ष से बचता हूं ताकि अधिकांश समय प्रसन्नतापूर्वक व्यतीत हो। मैंने बड़े प्रयत्न से, अपने साथ होने वाले गलत बर्ताव को भुलाने की आदत डाल ली है, मैं बार-बार बीती हुई बुरी घटनाओं पर विचार नहीं करता इससे मेरे मन में किसी के लिए नफरत या नापसंदगी के भावों को जगह नहीं मिलती।

मुझे अहसास हुआ कि किसी भी परिस्थिति में मेरे भाव मेरे लिए बहुत महत्त्वपूर्ण हैं और यह उस पक्ष के लिए भी उतने ही अहम होंगे, जो समस्या का हल चाहता है। मैं अपने भावों को क्रोध, उदासी या भय के साथ नहीं मिलाता। मुझे यह भी अहसास हुआ है कि कई बार भावात्मक संघर्ष के समाधान के लिए, कड़े तर्क व विवेचना के साथ ही समझौता करना पड़ता है।

जिला पुलिस चीफ के रूप में मैंने पाया कि मेरे अधीन काम करने वाले पुलिस बल को मैसूर पुलिस एक्ट व नियमों की कोई जानकारी नहीं थी क्योंकि कर्नाटक 1960 के दशक में बना था। तर्क तथा विवेचना तो यही कहती थी कि जवानों को ट्रेनिंग के लिए राज्य पुलिस प्रशिक्षण संस्था में भेजा जाए, किंतु मुझे बताया जा चुका था कि अप्रशिक्षित कांस्टेबलों को प्रशिक्षण देने के लिए दस वर्ष तक प्रतीक्षा करनी पड़ सकती है। अतः मैंने मौजूदा पुलिस अधिकारियों व स्त्रोतों के साथ मिलकर स्वयं अपने प्रशिक्षण कार्यक्रम आयोजित किए।

मुझे कई बार समस्या हल करने के लिए तर्क को पीछे छोड़ना पड़ा और मैंने इसके अच्छे नतीजे भी पाए। मुझे अच्छे कर्मचारियों के दोषों को भी नजरअंदाज करना पड़ा: यह सब बड़े व बेहतर हितों के लिए था अन्यथा वे दोष तार्किक रूप से नजरअंदाज करने वाले नहीं थे। मैंने पाया कि संघर्ष समाधान के समय चेहरे के भाव, मुस्कान, हाथ, मुख-मुद्राएं, भंगिमाएं, मैत्रीवत् भाव व दृढ़तापूर्वक मिलाया गया हाथ भी बहुत उपयोगी हो सकता है।

मतभेदों के बीच भरोसा कायम करना बहुत महत्त्व रखता है। आपको समस्या का आकार घटाकर, उसे सही नजरिए से देखना आना चाहिए। मेरा मानना है कि अगर कुछ पाना है, तो कोई बहस जीतने या नबंर बनाने के बजाय अपनी प्राथमिकताओं पर केंद्रित होना ज्यादा जरूरी होता है।

अपने जीवन में झांक कर याद करें कि आपको पिछले वर्ष की कितनी समस्याएं या विवाद याद हैं। समय बीतने के साथ-साथ वे छोटे और गैरमामूली लगने लगते हैं। हमें भविष्य की ओर देखना चाहिए व दूसरों को दोषी ठहराने की नीति बदल देनी चाहिए। संघर्ष आपकी सारी ऊर्जा सोख लेते हैं अतः इनसे बचाव करने में ही भलाई है।

यदि आप सचमुच अपना पक्ष नहीं छोड़ना चाहते, तो यह लड़ाई बुद्धिमतापूर्वक लड़ें। समस्या समाधान के लिए जरूरी है कि लोगों को माफ करने व आदान-प्रदान की नीति अपनाएं। सामने वाले व्यक्ति को ध्यानपूर्वक सुनें, ताकि उसका दृष्टिकोण भी आप भली प्रकार समझ सकें। हमें व्यर्थ की बात को भुला देना भी सीखना होगा तथा थोड़े-बहुत मनमुटाव को भुला देना ही अच्छा है। यदि दो व्यक्ति किसी नतीजे पर न भी पहुंचे, तो भी मुस्करा कर अपनी असहमति व्यक्त करें।

पहली बार में ही अपनी गहरी और सकारात्मक छाप कैसे छोड़ें?

जब भी हम किसी व्यक्ति की प्रशंसा करते हैं, तो तथ्य यही होता है कि हम उससे पहली बार मिलते ही उसके लिए वैसी राय बना लेते हैं। पहली मुलाकात, बातचीत, निजी तौर पर उसे सुनने या फोन पर बात करने के दौरान ही हम उसके बारे में अच्छी राय कायम कर चुके होते हैं।

कई बार हम ऐसे लोगों के बारे में भी अपनी राय बना लेते हैं, जिनसे हम कभी नहीं मिले होते, हमारे द्वारा उस व्यक्ति के लिए बनाई गई राय पूरी तरह दूसरों के मुंह से सुनी-सुनाई बातों या कारकों पर निर्भर होती है। हम दूसरों को या दूसरे हमें कैसे परखते हैं? यह काफी हद तक व्यक्ति द्वारा की जाने वाली बातचीत, चाल-ढाल या पोशाक पर भी निर्भर करता है।

आप जो कुछ भी महसूस करते हैं, बस उसी के आधार पर उस व्यक्ति का पहला इंप्रेशन या छाप आपके मन पर पड़ जाती है। यहां तक कि किसी संगठन के बारे में भी पहली छाप भी वहां के आकार, उपकरणों, स्टाफ, ऑफिस की इमारत, रिसेप्शनिस्ट के व्यवहार या उससे प्राप्त सूचना से प्रभावित होती है।

पहली छाप का अच्छा होना हमारे विकास, प्रगति व वृद्धि के लिए बहुत मायने रखता है। एक अच्छी व बढ़िया छाप छोड़ने के कई मौके व तरीके होते हैं। ये मौका हमें किसी से पहली मुलाकात, फोन पर होने वाली बातचीत या किसी बड़ी व्यावसायिक मीटिंग में भी मिल सकता है। हमारा प्रयत्न यही होना चाहिए कि व्यक्तित्व की पहली छाप अच्छी व बेहतर हो। बेशक इसके लिए हमें काफी तैयारी और मेहनत की आवश्यकता होगी।

हमें दूसरों से बात करते समय या आंसरिंग मशीन पर संदेश छोड़ते समय व्यावसायिक व मैत्रीपूर्ण ढंग से अभिवादन करना चाहिए। यदि कोई आपसे

फोन पर कोई जानकारी चाहे और आप उत्तर न जानते हों, तो उसे कागज पर लिख लें और उससे कहें कि आप जानकारी लेने के बाद उसे सूचित करेंगे। हमेशा फोन के पास ही कागज, पैंसिल व नोट पैड आदि रखें।

कोई भी महत्त्वपूर्ण फोन कॉल करने से पहले एक खाका बना लें कि आप क्या बात करना चाहते हैं, साथ ही एक सक्रिय श्रोता बनें। किसी बात के बारे में थोड़ा-सा भी संदेह हो तो अंदाजे लगाने के बजाय दोबारा पूछने में संकोच न करें।

एक अच्छी छाप छोड़ना चाहते हैं, तो अपनी कॉल का जवाब देने में देरी न करें। यही उसूल आपके फोन की आंसरिंग मशीन या मिस्ड कॉल के लिए भी हो सकता है। इससे आप सक्षमता, उमंग, गति व तत्परता की छाप छोड़ पाएंगे, किंतु कोई भी फोन कॉल करने से पहले मन में उसका खाका बनाना न भूलें। यदि फोन करने से पहले सारे तथ्य संजो लेंगे तो बहुत बढ़िया होगा।

मुझे टेलीफोन कॉल से पहले सभी जरूरी बातों की सूची बनाना पसंद है। दूसरे, फोन करते समय आपके चेहरे की मुस्कान व खुशनुमा व्यवहार भी दूसरे तक पहुंचता है। कई अध्ययनों से पता चलता है कि फोन के दूसरी तरफ बैठा व्यक्ति हमारी आवाज की टोन से भी प्रतिक्रिया का अनुमान लगाता है। इसी टोन से वह करीब 80 प्रतिशत राय कायम कर लेता है। शेष 20 प्रतिशत राय, वास्तविक शब्दों से बनती है।

यदि आपके पास स्टॉफ है तो कभी-कभी उनसे एक अजनबी की तरह फोन पर बात करें, ताकि आप जान सकें कि वे ऑफिस में फोन करने वालों को कैसी प्रतिक्रिया देते हैं।

किसी को फोन करते ही पहले पूछें कि क्या आपने सही समय पर फोन किया है, वह व्यक्ति बात कर सकता है या थोड़ी देर बाद उसे फोन मिलाना चाहिए, क्योंकि हो सकता है कि उस समय वह व्यक्ति किसी और फोन कॉल, जरूरी मीटिंग या काम में व्यस्त हो। वह हमेशा आपके इस व्यवहार व पेश आने के तरीके को सराहेगा।

इस तरह हम उस व्यक्ति के दिलो-दिमाग पर अपनी एक अच्छी छाप छोड़ सकते हैं। शेक्सपीयर ने कहा है, - ''यह दुनिया एक रंगमंच है और हम सभी इस रंगमंच के नायक हैं।'' हमें अपने माता-पिता, जीवन-साथी, बच्चों, सहकर्मियों, बॉस व व्यक्तिगत तथा व्यावसायिक रूप से लोगों के साथ विभिन्न भूमिकाएं निभानी होती हैं।

जब भी आप किसी से मिलें, दोस्ताना तरीके से पेश आएं। यहीं से मित्रता का आरंभ होता है। एक मैत्री व सहानुभूतिपूर्ण रवैया हमारे शारीरिक हाव-भाव से झलकता है। शारीरिक हाव-भाव भी संप्रेषण का बेहतर माध्यम है। इससे हम सकारात्मक तरंगों का आदान-प्रदान कर सकते हैं।

जब भी लोगों से मिलें, मुस्कुराकर, सीधा उनकी आंखों में देखें। यदि बैठ कर बात कर रहे हों, तो झुके नहीं और न ही हाथ पांव मोड़ें। खड़े होकर बात कर रहे हों तो सीधे खड़े हों।

अच्छे शारीरिक हाव-भाव से दूसरों पर अच्छा प्रभाव डाला जा सकता है। हर मिलने वाले से अवचेतन रूप से एक सकारात्मक भावात्मक संपर्क साध ने का प्रयास करें। कभी भी गिले-शिकवे से बातचीत की शुरुआत न करें, इससे एक नकारात्मक छाप सामने आएगी।

बातचीत शुरू हो जाए, तो उसमें थोड़ा-सा हास्य का पुट लाएं, लेकिन साथ ही व्यंग्यात्मक होने से बचें। यह पलटवार भी हो सकता है।

हमेशा स्वयं को सही साबित करवाने की जिद छोड़ दें। इससे कभी भी आप दूसरों पर अपना अच्छा प्रभाव नहीं छोड़ सकते। सबसे पहले अपनी विश्वसनीयता व क्षमता स्थापित करें। आपकी छवि भी बहुत मायने रखती है। हमेशा सही व साफ-सुथरी पोशाक पहनें। यह भी सच है कि कपड़े पहनने के तौर-तरीक लगातार बदलते रहते हैं। एक फटी जींस या छेदों वाली पैंट या निक्कर के साथ सैंडिल, जवानों की पसंद हो सकती है क्योंकि इससे उन्हें एक रफ-टफ लुक मिलती है। हमेशा याद रखें कि हमारा पहनावा और चाल-ढाल, हमारी बातचीत से कहीं ज्यादा लागों पर प्रभाव छोड़ता है।

अवसर के अनुसार उपयुक्त पोशाक का चयन करें। बुदबुदाने की बजाय खुलकर साफ शब्दों में अपनी बात कहें व नीरस होने से बचें। आपके चेहरे के हाव-भाव व स्वर दोनों से ही जिंदादिली व उमंग झलकनी चाहिए। ●

एक मुश्किल बॉस का सामना कैसे करें?

बुरे बॉस व सुपरवाइज़र प्रत्येक व्यक्ति के जीवन का एक अंग होते हैं। किसी को भी हमेशा समान रूप से अच्छा या फिर बुरा बॉस नहीं मिलता। हर व्यवसाय तथा पेशे में बुरे व कठोर बॉस पाए जाते हैं और वे जिंदगी की एक हकीकत हैं। मैंने भी तीन दशक से अधिक के अपने करियर में कई विभिन्न, अनूठे, कठोर, परिपक्व व बेहतर बॉसों के साथ काम किया है।

कुछ तो बेहद भले व सभ्य थे, जबकि कुछ काफी रूखे, बदमिज़ाज व अपमानित करने के लिए गाली-गलौज की हद तक उतरने वाले थे। उनमें से प्रत्येक से निपटने की कोई एक नीति नहीं थी। हर नए बॉस के साथ एक नई तकनीक से ही पेश आना पड़ता था।

उन सभी बॉसों में बस एक बात यही समान थी कि वे अपनी ताकत के बल पर किसी भी अफसर या कर्मचारी के करियर को प्रगति दे सकते थे। इसी तरह बॉस अपने अधीनस्थों के निजी व व्यक्तिगत जीवन पर पूरा नियंत्रण पा लेते हैं।

कठोर बॉस इसी अधार पर अपने अधीनस्थों को दबाते हैं। ऐसे अधीनस्थों को संभवतः अपने बॉस को सुधारने का मौका मिले या न मिले, लेकिन उन्हें बॉस के भय से अपना स्वाभिमान नहीं खोना चाहिए अन्यथा उनका जीवन नरक बन सकता है।

कर्मचारियों के सामने एक मुश्किल बॉस की परेशानी तब आकर खड़ी हो जाती है, जब उनके विभाग या ऑफिस में कोई नया बॉस आता है। हर नए बॉस का काम करने का तरीका व प्राथमिकताएं अलग-अलग होती हैं क्योंकि हर इंसान का अपना अलग एक नजरिया होता है और लोग अपने एक ही ढर्रे या तरीके से काम करने के इतने आदि हो जाते हैं कि कार्यशैली में बदलाव की बात आते ही परेशान हो जाते हैं।

मैं सुपरवाइजर भी रहा और मेरे काम का निरीक्षण भी किया गया। मैंने अपने करियर के दौरान तकरीबन पचास बॉस के साथ काम किया है।

मुझे तो यही नीति अच्छी लगी कि जब भी कोई मुश्किल आए, तो बॉस से इस बारे में बेहिचक बात करनी चाहिए। अगर मैं बॉस की किसी बात से सहमत नहीं होता था, तो पूरी विनम्रता से अपने विकल्प रख देता। अंत में कहता – 'श्रीमान!' मैनें अपने विचार रख दिए हैं, लेकिन अंतिम निर्णय आपका ही होगा।'

मैं यह भी कहता कि मैं पूरी गंभीरता व उत्साह से उनके आदेश का पालन करूंगा। इस चर्चा से मुझे बॉस की पसंद–नापसंद और नज़रिया समझने में मदद मिलती।

इस तरीके से मैं मुश्किल–से–मुश्किल बॉस का सामना कर सका। यह तो हमें मानना ही पड़ेगा कि कोई भी काम पूरा करने या समस्या सुलझाने के एक से अधिक तरीके हो सकते हैं। मैं हमेशा से मानता आया हूं कि हमें अपनी राय या नजरिए पर अडिग नहीं होना चाहिए। किसी समस्या को सुलझाने के बेहतर विकल्प या रूप भी हो सकते हैं। इस सोच ने मुझे कठिन–से–कठिन परिस्थिति को भी संभालने में मदद की।

मैंने एक नियम यह भी बना रखा था कि किसी भी मौखिक भाषण या कठोर आलोचना के लिए प्रतिक्रिया नहीं दूंगा। मुझे मालूम था कि बॉस, दोस्त या सहकर्मी आदि किसी से भी मौखिक संघर्ष मुझे ऐसी स्थिति में डाल सकता था, जिसका मैं अंदाजा तक नहीं लगा सकता था।

यदि आप प्रतिक्रिया देकर किसी संघर्ष या वाद–विवाद का हिस्सा बनते हैं, तो मतभेद और भी गहरा जाते हैं। शांत रहने से बॉस के साथ ऐसी अप्रिय स्थिति में आने से बच सकते हैं। किसी भी मुश्किल या कठोर बॉस के साथ पेश आते समय आमने–सामने की टक्कर के बजाय चर्चा कर लेना ज्यादा बेहतर होता है।

कोई भी समस्या सुलझानी हो, तो बॉस से सलाह लें। किसी भी विवाद या संघर्ष को बाद में सुलझाने से बेहतर होगा कि उसे शुरू ही न किया जाए। कभी भी बॉस को एक मित्र के रूप में न लें क्योंकि संगठन में आप दोनों काम कर रहे हैं, वहां आप एक ही स्तर पर नहीं हैं। समान स्तर वाले लोगों में ही मित्रता संभव होती है। बॉस के साथ व्यावसायिक रूप से ही पेश आएं।

निजी जीवन को ऑफिस के जीवन से अलग रखें, ऑफिस में किसी से भी व्यक्तिगत मामलों की चर्चा न करें, यहां तक कि बॉस से भी नहीं। हर किसी के पास अपनी परेशानियां होती हैं, कोई भी किसी दूसरे की परेशानी

का भार अपने सिर नहीं लेना चाहता। आपको तो पूरी मेहनत व वफादारी से अपना काम करना है और बॉस या संगठन के निर्देशानुसार चलना है।

अगर खराब प्रदर्शन के लिए आपकी आलोचना की जाए, तो शांत भाव से अपने प्रदर्शन का आत्मनिरीक्षण व मूल्यांकन करें, यह देखें कि आपने अपना काम सही तरीके से किया है या नहीं।

अपने तत्काल बॉस के साथ भी यथासंभव मधुर सबंध बनाए रखें।

यद्यपि अगर आपको लगे कि बॉस नाजायज़ तरीके से आप पर हावी हो रहा है, परेशान कर रहा है, तो उसके हर ऐसे आदेश का रिकार्ड रखें व निजी रूप से ऐसी घटनाओं का ब्यौरा रखें। उन्हें किसी से न बाटें। यदि बॉस के खिलाफ रिपोर्ट करनी भी पड़ी, तो यही आपका सबूत बनेंगे। यह भी रिकार्ड रखें कि मामले ने तूल क्यों पकड़ा।

साथ ही आपको उचित समय पर बॉस से बात भी करनी चाहिए। हर चर्चा बहस करने वाली न हो और न ही केवल प्रशंसा बटोरने के लिए हो। कभी भी बॉस से एक विपक्षी दल के रूप में चर्चा न करें।

यदि आप बॉस से बात करते समय विनम्र व कूटनीति रवैया रखेंगे, तो किसी भी तरह की खींचतान से बच जाएंगे। यदि आप शुरुआत से ही नकारात्मक भाव लेकर चलेंगे, तो समस्या के समाधान का माहौल नहीं बन पाएगा।

अगर आपकी सही आलोचना की गई है, तो इसे निजी मामला न मानते हुए, अपने कार्य प्रदर्शन में सुधार के लिए अमूल्य मानें क्योंकि तभी तनाव रहित वातावरण बन पाएगा। यह सब इस बात पर भी निर्भर करता है कि आप किसी भी स्थिति में कैसी प्रतिक्रिया देते हैं। कुछ लोग ऐसी परिस्थिति में काफी तनावग्रस्त हो सकते हैं और हो सकता है कि कुछ के चेहरे पर शिकन तक न आए।

बॉस की जिन बातों से आपको खीझ होती हो, उनकी एक सूची बनाएं और बुरी से कम बुरी की श्रेणी में लाएं। फिर उनसे पेश आने की उचित रणनीति तैयार करें।

यू.एस.ए में हुए एक अध्यन्न से पता चला कि सर्वे के दौरान अस्सी प्रतिशत कर्मचारियों ने अपने बॉस को एक बुरा प्रबंधक माना। दूसरे अध्ययन के अनुसार करीब 70 प्रतिशत का मानना है कि उनके तत्काल बॉस को इतना भी नहीं पता कि एक अच्छे प्रबंधक में क्या खूबियां होनी चाहिए। एक दूसरे

अध्ययन के अनुसार 90 प्रतिशत यू.एस. कर्मचारियों ने कभी-न-कभी कार्य के दौरान बुरे बर्ताव का सामना किया है।

इस अध्ययन के नतीजे तकरीबन 1000 कर्मचारियों के आधार पर थे, जो पिछले आठ वर्षों से कार्यरत थे। हमारे देश की स्थिति भी ऐसी ही है।

वैसे एक सर्वे यह भी कहता है कि 79 प्रतिशत कर्मचारी अपने बॉस को पूरा आदर देते हैं। कर्मचारियों ने एक अच्छे बॉस के लिए निम्न विशेषताएं बताईं -

- **अनुकरणीय उदाहरणों द्वारा नेतृत्व**
- **सशक्त नैतिक मूल्य**
- **व्यवसाय की जानकारी**
- **ईमानदारी**
- **बुद्धिमता व सक्षमता**
- **कर्मचारियों की पहचान**

हम सबको ध्यान रखना चाहिए कि कुछ हालात में हम सभी को बॉस की भूमिका निभानी पड़ती है। सभी बॉस बुरे नहीं होते। एक चीज तो हमें अवश्य सीखनी चाहिए कि जहां तक संभव हो हमें अपने अधीनस्थों के साथ एक अच्छे बॉस की तरह पेश आना चाहिए। बॉस से जुड़ी सभी समस्याओं का एक जैसा हल नहीं हो सकता। हमें मुश्किल लोगों व हालातों से निपटने के लिए अलग-अलग तरीके खोजने होंगे। ●

शारीरिक हाव-भाव को कैसे समझें?

हम केवल अपने शब्दों या भाषा के माध्यम से ही संप्रेषण नहीं करते, बल्कि शारीरिक भाव भंगिमाएं भी हमारी भावनाएं प्रकट करने के लिए संप्रेषण का सशक्त माध्यम हैं। इस तरह हम किसी भी परिस्थिति के प्रति अपने भाव व्यक्त कर सकते हैं।

यह संप्रेषण का अमौखिक रूप है। हमें अपनी प्रभावोत्पादकता बढ़ाने के लिए मौखिक भाषा के साथ-साथ उचित शारीरिक भावों का भी प्रयोग करना चाहिए। नौकरी के लिए साक्षात्कार के दौरान, अनुभवी साक्षात्कारकर्ता सामने वाले व्यक्ति की शारीरिक भाव-भंगिमाओं से ही उसके आत्मविश्वास का अनुमान लगा लेता है।

शारीरिक हाव-भाव की भाषा सकारात्मक या नकारात्मक हो सकती है। प्राय: हमारे चेहरे के हाव-भाव ही हमारी प्रतिक्रिया कह देते हैं। सिर हिलाकर हामी भरने या न भरने से सहमति या असहमति प्रकट होती है। मुस्कराना, आंखें चौड़ी करना, उमंग व उत्साह दर्शाना भी शारीरिक हाव-भाव का एक रूप है। इसे आप मौखिक भाषा के साथ या अलग से भी प्रयोग में ला सकते हैं।

भौहें सिकोड़ने, सिर हिलाने दांत पीसने, चेहरे पर क्रोधी भाव लाने, सिर घुमा लेने, नज़रे चुराने व तर्जनी अंगुली के प्रयोग से भी हमारी नकारात्मक प्रतिक्रिया झलकती है।

आप जिन शब्दों का प्रयोग करने जा रहे हैं, उन्हीं के अनुसार शारीरिक हाव-भाव भी सकारात्मक या नकारात्मक हो जाते हैं।

आप अपने शारीरिक हाव-भाव को समृद्ध बनाने के लिए कई भंगिमाएं सीख सकते हैं। सही बॉडी लैंग्वेज के प्रयोग से जीवन में प्रभावोत्पादकता

बढ़ेगी। दूसरों के शारीरिक हाव-भाव पढ़ने के बाद आप उनके मूड या व्यक्तित्व का अंदाजा भी लगा सकते हैं, यहां आपको अपने मुंह से कुछ भी कहने की आवश्यकता नहीं है।

इस जानकारी के बल पर आप तत्काल जान सकते हैं कि दूसरे आपके बारे में क्या राय रखते हैं। शारीरिक हाव-भाव जानने के बाद आप सामने वाले व्यक्ति का सच-झूठ भी आसानी से पकड़ पाएंगे।

कोई भी व्यक्ति पूरी सफाई से सूठ नहीं बोल सकता। मौखिक संप्रेषण या शारीरिक हाव-भाव से चोरी पकड़ी जाती है। सामने वाले के शारीरिक हाव-भाव जानने के बाद आप तय कर सकते हैं कि जीवन साथी, दोस्त, सहकर्मी, बॉस या मंगेतर के साथ कैसे पेश आना है।

इसी तकनीक की मदद से आपको व्यावसायिक, व्यक्तिगत व सामाजिक रूप से भी दूसरों पर अपनी पहली प्रभावी छाप छोड़ने में मदद मिलेगी।

कभी-कभी हम शब्दों के माध्यम से अपनी बात, क्षमता या आत्मविश्वास को प्रकट नहीं कर पाते। उन्हें शारीरिक हाव-भाव की आवश्यकता होती है।

मौखिक संप्रेषण के साथ-साथ उचित शारीरिक हाव-भाव की सहायता से आप आसानी से दूसरों से आगे निकल सकते हैं, यदि चाहें तो इनका अलग-अलग स्वतंत्र प्रयोग भी हो सकता है। आप अपने हुनर, विशेषता व अनुभव के बल पर शारीरिक हाव-भाव जान सकते हैं। यह जान सकते हैं कि वे आपके बारे में क्या सोचते या महसूस करते हैं।

एक वक्ता होने के नाते, मैं प्राय: श्रोता के चेहरे को देखकर ही तय करता हूं कि कहीं वह मेरी बात से ऊब तो नहीं रहा और मुझे कब बात का विषय बदलना है या कहाँ अपनी बात खत्म कर देनी चाहिए। पहले दस सैकेंड में ही आप जान सकते हैं कि सामने वाला व्यक्ति आपमें व आपकी बातों में रुचि ले रहा है या नहीं।

ठीक उसी तरह, जब हम लोगों से मिलते हैं, तो उनकी शरीरिक भाव-भंगिमा के आधार पर ही तय करते हैं कि वे दयालु हैं या कठोर, उनका बर्ताव दोस्ताना है या रूखा, वे बुद्धिमान हैं या नहीं। शरीरिक हाव-भाव के माध्यम से हमारी छोटी-से-छोटी बात संप्रेषित हो जाती है या दूसरों की बात हम तक पहुंच जाती है।

यदि उचित शारीरिक हाव-भाव न हो तो अच्छी-से-अच्छी प्रशंसा भी खोखली जान पड़ती है। इस तरह हम जिस भाव को प्रकट करना चाहते हैं, वह अधूरा रह जाता है।

शारीरिक हाव-भाव की मदद से आप बड़ी आसानी से झूठ बोलने वाले को पकड़ सकते हैं, फिर चाहे वह व्यावसायिक क्षेत्र हो या फिर व्यक्तिगत। यदि आप संकेतों की व्याख्या कर सकते हैं, तो जान सकते हैं कि दूसरे आपके प्रति ईमानदार हैं या नहीं या फिर वे आपको पसंद करते हैं या नहीं।

यदि अनजाने में भी हमारे शारीरिक हाव-भाव गलत संकेत दे रहे हैं, तो इससे हमारे व्यवसाय सबंध व करियर पर गलत असर पड़ सकता है।

बस थोड़े से धैर्य व निरीक्षण से आप भी इस कला में पारंगत हो सकते हैं। आपने निकटतम मित्रों, संबंधियों व शुभचिंतकों पर ध्यान दें। वे लोग आपके प्रति स्नेही रवैया व अच्छी राय रखेंगे। उन लोगों से उनकी प्रतिक्रिया की तुलना करें, जो आपसे रूखा बर्ताव करते हैं, चिढ़ते हैं या ईर्ष्या रखते हैं।

उनकी शारीरिक भंगिमाएं अलग होंगी। सिर की मूवमेंट, मुस्कान या हामी से भी आप किसी व्यक्ति के मन के भावों का अनुमान लगा सकते हैं। दूसरी तरफ मुंह घुमाने व सिर झुकाने से आपकी नापसंदगी व्यक्त होती है।

एक ऊंचा उठा सिर व गंभीर दृष्टि का अर्थ है कि व्यक्ति आपसे आमना-सामना करना चाहता है। झुके सिर का मतलब है कि व्यक्ति कुछ छिपा रहा है या किसी बात पर शर्मिंदा है।

एक ओर या परे देखने से घबराहट, झूठ छिपाने या ध्यान भटकने की प्रवृति झलकती है। यदि कोई व्यक्ति सामाजिक समारोह में आपसे काफी मैत्रीपूर्ण व्यवहार रखता है, तो यह न मान लें कि वह आपका मित्र है। थोड़े से वाक्यों या ड्रिंक्स लेने को ही स्नेह या लगाव का नाम न दें। छाती पर मुड़ी बाँहें या नितंबों पर टिके हाथ भी दर्शाते हैं कि सामने वाला व्यक्ति दोस्त होने का दिखावा कर रहा है। ऐसे लोग दोस्त कम ही बन पाते हैं।

इसके अतिरिक्त बार-बार चश्मे का शीशा साफ करना, भौहें सिकोड़ना, भौहें नचाना, पांव पटकना, बात करते समय हाथ-पांव हिलाना प्रतिक्रिया न देना, बेचैनी या बेपरवाह होने की निशानी है।

यदि बहुत ध्यान से शारीरिक भाव-भंगिमाएं देखी जाएं, तो आप व्यक्ति के क्रोध, बोरियत, मनोरंजन, नीरसता व आनंद का अनुमान भी लगा सकते हैं।

आंखें भी बहुत कुछ कह जाती हैं। ये शब्दों से कहीं ज्यादा बोलती हैं। शरीर की इस भाषा को सीखें व दूसरों की भावनाएं जानें।

हो सकता है कि लोग मुंह से कुछ और कहें, पर उनके मन में कुछ और हो, किंतु शारीरिक हाव-भाव से उनकी भावनाएं स्पष्टतः व्यक्त होती हैं बस हमें सावधानी से उनका निरीक्षण करना है। हमें निरंतर इस ओर से सावधान रहना चाहिए कि हमारे व दूसरे व्यक्तियों द्वारा कौन-से शारीरिक हाव-भाव प्रकट हो रहे हैं। ●

नकारात्मक प्रवृत्ति वाले लोगों से कैसे पेश आएं?

हम सभी को कभी-न-कभी जीवन में बहुत-से नकारात्मक प्रवृत्ति वाले लोगों से उलझना पड़ता है, जो किसी-न-किसी तरह हम तक नकारात्मक भाव पहुंचाते हैं, या ऐसी सोच रखते हैं।

हम कहीं भी जाएं, कुछ लोग ऐसे मिल ही जाते हैं, जो हमें पसंद नहीं करते या हमारे खिलाफ होते हैं। लोगों से भरी इस दुनिया में ऐसा कोई कोना नहीं, जहां आप इन लोगों से बच सकें। हकीकत यही है कि नकारात्मकता और सकारात्मकता के बीच संघर्ष हमारे अस्तित्व का एक हिस्सा है।

हम कोई भगवान नहीं हैं कि कोई नकारात्मकता हमारे अंदर न हो, लेकिन कई बार हमारा द्वेष, अप्रसन्नता या कुढ़न हमें उस व्यक्ति से ज्यादा नुकसान पहुँचाते है, जो कि इन भावों का असली कारण है। हम नकारात्मक रुख अपनाकर खुद को चोट पहुंचा सकते हैं, अपनी मानसिक शांति भंग कर सकते हैं। जब हम किसी चीज से लड़ते हैं या किसी कारणवश अपनी प्रतिक्रिया देते हैं, तो उस समय हम केवल अपने अंह को संतुष्ट कर रहे होते हैं। यह निश्चित रूप से दो अहं के बीच का टकराव होता है।

यह एक तरह से बेकार का एक ऐसा युद्ध है, जिसमें हम केवल सही या गलत दिखाना चाहते हैं। हम अपना नजरिया मनवाने के लिए या तो सामने वाले पर हमला करते हैं या अपना बचाव करते रह जाते हैं, जबकि इसी ऊर्जा के बल पर हम अपने लिए, अपने प्रिय पात्रों के लिए व समाज के कल्याण के लिए कुछ बेहतर काम कर सकते हैं।

एक क्षेत्र को नकारात्मकता, दूसरे क्षेत्र तक भी अवश्य पहुंचती है। जब हम दूसरों के मुंह से कुछ ऐसा सुनते हैं, जो हमें अच्छा नहीं लगता, तो इससे हमारे दिल को ठेस लगती है। संविधान सबको बोलने की स्वतंत्रता देता है।

हमें इस बात को याद रखना चाहिए कि लोगों को अपनी राय देने का पूरा हक है, फिर चाहे वह हमें पसंद हो या नहीं।

जिस तरह दूसरे अपनी राय देने का हक रखते हैं, उसी तरह हमें भी अपनी प्रतिक्रिया चुनने का अधिकार है। यह हम पर निर्भर करता है कि इस समाधान, शांति, उपद्रव, संघर्ष, बहस या झगड़े में से कौन-सी प्रतिक्रिया चुनेंगे।

मैं व्यक्तिगत रूप से किसी भी तरह के संघर्ष या मनमुटाव से बचने की कोशिश करता हूं। इससे तालमेल से भरपूर एक अच्छा अस्तित्व कायम करने में सहायता मिलती है व मन की शांति बनी रहती है। यदि आप थोड़ा ध्यान से देखें, तो जान पाएंगे कि परिवारों, सहकर्मियों व मित्रों में होने वाले विवादों की जड़ में कोई बहुत बड़ा या धरती हिला देने वाला कारण नहीं होता, बल्कि छोटी-मोटी बातें ही होती हैं।

तत्काल प्रतिक्रिया व्यक्त करने से कहीं बेहतर होगा कि आप मामले को शांत होने दें। मन शांत होगा तो आपको सारी बात नए सिरे से देखने का मौका मिलेगा। तब आप स्वयं से भी पूछ सकते हैं कि क्या बात को तूल देने से कोई फायदा है, क्या इससे किसी को कोई लाभ होगा?

चाहे कोई आपको भड़काने की कोशिश ही क्यों न करे, स्वयं को नकारात्मकता के गड्ढे में गिरने से बचाएं। प्रतिक्रिया देते ही हम नकारात्मक लोगों के हाथों का खिलौना बन जाते हैं और नकारात्मकता से भरे आरोप-प्रत्यारोपों का दौर चालू हो जाता है। हमें निरंतर सावधान रहना चाहिए कि नकारात्मक सोच या कार्यों में ऊर्जा का क्षय न हो।

दूसरे व्यक्ति की जगह स्वयं को रखकर देखें कि वह इस तरह व्यवहार क्यों कर रहा है? कई बार कुछ लोग बार-बार गलत बर्ताव करते हैं, ऐसे में उन्हें माफ करने के बजाय सबक देना चाहिए।

नकारात्मक, उदास व कठोर किस्म की प्रवृत्ति वाले लोगों को सुधारने में वक्त बरबाद करने के बजाय उन्हें जिंदगी से ही निकाल दें। बेहतर होगा कि आप दूसरों को सुधारने की बजाय, अपनी ही प्रसन्नता पर केंद्रित रहें।

कारण चाहे जो भी हो, अपनी ऊर्जा व भावनात्मक ताकत को कमजोर न पड़ने दें।

याद रखें कि आपने अपनी वचनबद्धता की कीमत पर दूसरों को सुधारने का जिम्मा नहीं लिया है। उलझे हुए मामलों से बचें। ऐसे मामलों से दूर रहेंगे तो बेवजह माफी मांगने या शर्मिंदा होने की नौबत नहीं आएगी।

अगर हालात सही न चल रहे हों, तो इनके साथ न रहें। दु:ख व पछतावे की भावनाओं से बाहर निकलने की कोशिश करें। हमारी मुश्किलें उन पौधों जैसी होती हैं, जो ध्यान दिए जाने व परवाह करने पर और बड़े हो जाते हैं।

रोज़मर्रा की छोटी-छोटी बातों को जीने-मरने का सवाल न बनाएं। हमें अपनी जिंदगी के मुश्किल हालातों व लोगों का सामना इसी तरह करना चाहिए; जैसे आकाश में हमारे सिर के ऊपर उड़ते पक्षी। हमें बस इतना ध्यान रखना है कि सिर के ऊपर से गुजरते पक्षी, हमारे सिर पर घोंसला न बना लें। ●

सफलता व असफलता की विभाजक रेखा को कैसे समझें?

जीवन में कोई भी असफल नहीं होना चाहता। कुटिया से लेकर महलों तक, प्रत्येक व्यक्ति अपने जीवन में सफल होना चाहता है। सफल होने की ऐसी इच्छा रखने के बावजूद केवल कुछ प्रतिशत लोग ही ऊंचाईयों तक कैसे पहुंच जाते हैं?

कारण है कि व्यक्ति यदि किसी कार्य में एक बार असफल होता है, तो उसे ही अंतिम निर्णय मान लेता है। हमें यह नहीं भूलना चाहिए कि जीवन में कोई भी असफलता स्थायी नहीं होती। असफल व्यक्ति बहाने बनाते हैं कि उनके पास समय का अभाव था, जबकि वास्तविकता यह है कि सबके पास एक दिन में चौबीस घंटे का ही समय होता है।

सफल व्यक्ति, उचित कार्यों में समय लगाकर, ऊंचाईयों तक जा पहुंचते हैं। इसी तरह असफल व्यक्ति समय नष्ट करते हुए, अपनी परेशानियां बढ़ा लेते हैं। सफल होने के लिए जरूरी है कि आप सफलता को एक मापदंड बनाते हुए यह जानने का प्रयास करें कि पहले असफल क्यों रहे और इस बार हमें सफलता कैसे मिली। सफलता पानी है तो एकाग्र भाव से लक्ष्यपूर्ति करनी होगी।

जब भी असफल हों, तो स्वयं से पूछें कि आपने कितनी बार प्रयास किया और कितनी बार निराश हुए। इससे आप अपनी दृढ़ता परख सकते हैं। यह एक कड़वी सच्चाई है कि सफलता का हमारी दृढ़ता से गहरा नाता है। इसे थामे रहेंगे तो दुनिया में बड़े-से-बड़ा काम कर सकते हैं।

वास्तविकता तो यही है कि असफलता से हम निरूत्साहित होते हैं, किंतु यह भी हकीकत है कि विरले ही पहले प्रयास में सफल हो पाते हैं। सफल होने तक, गिरने व बार-बार उठकर प्रयास करने में ही सच्ची कीर्ति छिपी है।

यदि आप अपनी ओर से बेहतर करेंगे, तो चिंतित होने के लिए समय ही

नहीं बचेगा। सफलता के इच्छुक व्यक्ति अपनी अपूर्णता व कमजोरियों से ऊपर उठने की कोशिश करते हैं।

जब एडीसन से ग्रामोफोन व बल्ब जैसे आविष्कारों से जुड़ी असफलता के बारे में पूछा गया तो उसने उत्तर दिया "अब मैं जान गया हूं कि कौन-से 10,000 तरीकों से बल्ब नहीं बन सकता।"

पहली ही बाधा से हार कर मुंह मोड़ने में ही हमारी असफलता का राज छिपा है। यह भी एक प्रश्न है कि आप असफलता किसे कहते हैं? मेरी तो परिभाषा है कि आप जब तक जिस कार्य में सफल नहीं हुए, वही असफलता है। केवल एक या दो पराजय को, अंतिम पराजय मान लेने की गलती न करें। असफलता आपको अपनी कमियों से ऊपर उठकर, दोबारा कोशिश करने का अवसर देती है।

आप कह सकते हैं कि आप छः बार असफल रहे, किंतु स्वयं को कभी भी आत्म-परामर्श न दें कि आप एक असफल व्यक्ति है। जब तक आपमें दोबारा कोशिश करने की ताकत है, तब तक आप स्वयं को असफल नहीं मान सकते। लोग असफलताओं से ऊपर उठकर ही तो सफल होते हैं।

असफलताएं हमारी गलतियों को पहचानने व सुधारने का मौका देती हैं। गलतियां सुधारते वक्त हमें कुछ नया सीखने का मौका मिलता है। केवल कुछ सीखने की ललक से ही हम अपने हुनर को निखार सकते हैं, अपनी जानकारी व योग्यताओं का विस्तार कर सकते हैं। हमारा हुनर व क्षमताएं ही हमारे जीवन को नए मायने देते हैं। हमारी क्षमताओं व विशेषताओं के बल पर ही बेहतर अवसर सामने आते हैं।

सफल व्यक्ति छोटी-छोटी गलतियों व भूलों से सबक लेकर ही अपने व्यवसाय की ऊंचाइयों तक पहुंचते हैं।

गलतियों, भूलों व अनुभवों के बल पर ही महान बना जा सकता है। खास बात यह है कि उस असफलता से घबराकर हिम्मत नहीं हारनी, वहीं थमना नहीं है।

यदि पहली बाधा ही से घबरा गए, तो आगे के रास्ते वहीं बंद हो जाएंगे। यह ध्यान रहे कि आप बात को कहां खत्म करते हैं? सफलता इतनी आसानी से हाथ नहीं आती। व्यक्ति को अपनी भूलों से सबक लेकर आगे बढ़ना होता है। अपने ऊपर भरोसा रखने की ताकत को भी नजरअंदाज न करें।

अपनी हिम्मत व विश्वास कायम रखने के लिए दूसरों का मुंह न ताकें। केवल आप ही अपने भरोसे व विश्वास के बल पर बार-बार प्रयास कर सकते हैं। असफलता को सफलता की ओर पहला कदम मानें।

कोई भी असफलता ऐसी नहीं होती, जिससे दुनिया का ही अंत हो जाएगा।

यहां तक कि परीक्षा में मिली असफलता से भी दुनिया नहीं मिट जाएगी। आप अगली बार या अगले साल फिर से परीक्षा दे सकते हैं, किंतु इस बार पूरी मेहनत व लगन से तैयारी करनी होगी। हमें असफलता के भय का खुलकर सामना करना चाहिए, तभी उससे पार पा सकते हैं। निसंदेह असफलता से मिलने वाला अनुभव, बहुत महत्त्वपूर्ण पाठ पढ़ाता है, किंतु यह पहले परीक्षा भी लेता है। असफलता का कोई-न-कोई कारण होता है, जो हमारे ही भीतर छिपा है। अपर्याप्त नियोजन, तैयारी में कमी, समस्या से निपटने की उचित तकनीक का पता न लग पाने, जैसा कोई भी कारण हो सकता है। अपनी असफलताओं से सीखने की क्षमता भी हमारे ही भीतर छिपी है।

कोई भी असफल नहीं होना चाहता। यदि आप कभी असफल हो भी जाएं, तो अपनी गलतियों से सबक अवश्य लें, ताकि ऐसी गलती दोबारा न हो। पछतावे में समय व जीवन नष्ट न करें। क्या व क्यों हुआ, इससे सबक लेने के बाद आगे बढ़ जाएं।

हमें बदलावों को खुले मन से स्वीकारते हुए एक नई और अलग तरह की रणनीति अपनानी चाहिए। अनुभव भी उन्हें ही सिखा सकता है, जो वास्तव में कुछ सीखना चाहते हैं। यद्यपि मनुष्य में दूसरों की भूलों से सबक लेने की योग्यता छिपी है, इसके बावजूद वह स्वयं गलतियां करके, सबक लेने को ही बेहतर मानता है।

किसी भी असफलता को जिंदगी का सदमा न बनाएं। यह तो सफलता की ओर ले जाने वाला पायदान है। हमें बचपन में मिले सबक भी भूलने नहीं चाहिए।

कोई भी शिशु जन्म से ही चलने नहीं लगता। करीब एक साल बाद वह चलना शुरू करता है। इस दौरान वह जाने कितनी बार मुंह के बल गिरता है, लेकिन बार-बार कोशिश करके चलना सीख लेता है। दुर्भाग्यवश, हम व्यस्क होने पर, जिंदगी का यह सबक भुला देते हैं। अपनी असफलता को स्थायी दुर्भाग्य मानकर निराश हो जाते हैं, यह नहीं जानते कि असफलताएं तो सफलता की ओर ले जाने वाली सीढ़िया हैं।

हमें इन दोनों के बीच की विभाजक रेखा पहचाननी होगी, अपना पूरा जोर लगाए बिना, हम पूरी तरह सफलता का आनंद भी नहीं ले पाएंगे। याद रखें कि सफलता कभी भी आपके लिए अपना मापदंड नहीं घटाती। हमें ही ऊपर उठना होता है। काल्पनिक परेशानियों व चिंताओं पर समय नष्ट न करें, उनसे कभी सामना नहीं होने वाला। अपने पूरे समय को अपने उद्देश्य के लिए समर्पित करें। परिस्थितियां चाहें जो भी हों, उनका पूरे साहस से सामना करें।

●

आपके जीवन का उद्देश्य

जीवन हमें अनेक अवसर व मौके प्रदान करता है, केवल इसलिए कि हम उनका उपयोग करें और लाभ उठाएं। यह अवसर अपने-आप में एक बड़ी चुनौती होती है। दूसरे शब्दों में, हमें जीवन में अपना उद्देश्य तलाशना है। सच्चाई तो यही है कि तकरीबन लोगों के पास जीवन में कोई उद्देश्य ही नहीं होता या वे उसे खोज ही नहीं पाते। हमारे जीने व काम करने का कारण ही हमारा उद्देश्य है।

अपना उद्देश्य तय करना, हम पर ही निर्भर करता है कि ताकि हमारा जीवन उसके आस-पास केंद्रित हो सके।

यदि उद्देश्य पूर्ण रूप से आपके सामने है, तो इसे आपका जुनून बन जाना चाहिए। अपने लक्ष्य को जानने के आसान तरीका हैं कि आप जो करना चाहते हैं या जो कर रहे हैं, उसकी एक सूची बना लें। मेरे मामले में, मैं पढ़ने-लिखने का शौकीन हूं और इसके माध्यम से मैं सारी दुनिया का ज्ञान संजो सकता हूं। ठीक इसी तरह हम सभी जान सकते हैं कि हम बिना किसी भय के, क्या पाना चाहते हैं।

सावधानी यह रखें कि जो भी तय करें, वह आपका अपना उद्देश्य होना चाहिए। यह किसी दूसरे का सुझाया हुआ या किसी दूसरे का उद्देश्य नहीं होना चाहिए।

जीवन का उद्देश्य, हमारे हर कार्य को एक नए मायने देता है। यह हर बात को खास बनाता है। यह हमारे जीवन को आगे बढ़ने की एक दिशा व मार्गदर्शन देता है। जिंदगी से जुड़े छोटे-बड़े निर्णय लेने में सहायक होता है। अगर आपके पास कुछ करने के लिए एक से अधिक विकल्प हैं, तो यह तय करना आसान हो जाता है कि क्या करना है और क्या नहीं।

जीवन में एक उद्देश्य, हमें केंद्रित, सधा हुआ व सार्थक जीवन जीने का आधार प्रदान करता है। जीवन का उद्देश्य तलाशना, आपका व्यक्तिगत चुनाव

है। इसे पाने या खोजने का कोई तयशुदा फार्मूला नहीं होता। चाहे कोई संगठन हो या परिवार, प्रत्येक के उद्देश्य अलग-अलग होते हैं। यहां तक कि जुड़वां भाईयों के पास भी जीवन में विविध उद्देश्य व लक्ष्य होते हैं।

दुनिया में ऐसी कोई जादुई छड़ी नहीं है, जिसके बल पर तत्काल जीवन का उद्देश्य सामने आ जाए। आपके जीवन का उद्देश्य, आपके काम, आपकी क्षमता व विशेषताओं से जुड़ा है।

पढ़ाई-लिखाई में बेहतर व्यक्ति, शोध या शिक्षा के क्षेत्र में बेहतर होगा। अच्छी आवाज वाला व्यक्ति संगीत के क्षेत्र में जा सकता है। विज्ञान में रुचि लेने वाला व्यक्ति वैज्ञानिक बनने का उद्देश्य रख सकता है। यह पता लगाएं कि आपके लिए सबसे ज्यादा मायने क्या रखता है। किन बातों को आप प्राथमिकताओं वाली सूची में रखते हैं, बस वहीं से जीवन का उद्देश्य स्पष्ट हो जाएगा।

जब तक आप उद्देश्य के साथ सच्चे दिल से आगे नहीं बढ़ते, तब तक सफलता पाना असंभव है। केवल उद्देश्य को जान लेना ही काफी नहीं है, बल्कि यह उद्देश्य आपके जीवन के मिशन स्टेटमेंट से भी मेल खाना चाहिए। किसी भी दशा में, ये दोनों आपस में गहराई से जुड़े हैं। ये दोनों मिलकर ही आपको सफलता की ओर ले जाएंगे। उद्देश्य तय करने के बाद बारी आती है प्रेरणा की। जो कुछ भी आप पाना चाहते हैं, उसके प्रति सच्ची लगन अपनाएं। यदि आप अपने ही काम को पसंद नहीं करते, तो उद्देश्य प्राप्ति में कभी सफल नहीं हो पाएंगे।

क्रिश्चयन डी. लार्सन के अनुसार : 'जब आप केवल अपने लिए या अपने निजी लाभ के लिए कार्य करते हैं, तो आपका मन व्यक्तिगत जीवन की विकसित सीमाओं से ऊपर नहीं उठ सकता।'

परंतु, जब आप किसी महान उद्देश्य, किसी असामान्य परियोजना से प्रेरित हों, तो आपके विचारों का बांध टूट जाता है, मन असीमित हो जाता है, आपकी चेतना प्रत्येक दिशा में प्रवाहित हो जाती है और आप स्वयं को एक नए और अद्भुत जगत में पाते हैं, सुप्त शक्तियां, क्षेत्र व प्रतिभाएं जीवंत हो उठती हैं, आप स्वयं को एक ऐसे विशालकाय व्यक्तित्व के रूप में पाते हैं, जिसकी आपने स्वप्न में भी कल्पना तक नहीं की थी।

आपको स्वयं ही अपने जीवन का उद्देश्य तलाशना है। एक बार इसे अपने पेशे या करियर से जोड़ने के बाद, आपके भीतर भरपूर ऊर्जा व आवेश

का संचार होगा और आप इच्छित सफलता पा लेंगे, जो आपकी कल्पना से भी परे थी। यह हम पर ही निर्भर करता है कि हम अपने जीवन को क्या बनाते हैं, दूसरों को यह चुनने का अधिकार ने दें कि आपको कैसे जीना चाहिए। अपने उद्देश्य के साथ जीते हुए, अपने स्वाभिमान को निखारें। दूसरों की चिंता न करें जब तक आप अपने उद्देश्य पूर्ति के लिए किसी को चोट नहीं पहुंचा रहे व सभी काम सही तरीके से कर रहे हैं, तो आपको चिंतित होने की कोई आवश्यकता नहीं है।

जीवन बहुत छोटा है, इसे उद्देश्यहीन व अप्रसन्न भाव से न बिताएं। जीवन में आगे बढ़ने व अपना उद्देश्य पाने के किसी भी मौके को हाथ से न जाने दें। सच्चे मन व प्रसन्न भाव से अपने उद्देश्य का दामन थामे रहें। निःसंदेह सारे भय, संदेह, चिंताएं, नकारात्मकता, क्रोध, तनाव, उद्वेग, अवसाद, व दुर्गुण दूर हो जाएंगे।

जो नहीं है, उस पर रोना-बिसूरना; कड़ी मेहनत व उद्देश्य को जीने का विकल्प नहीं हो सकता। बेहतर होगा कि रोने के बजाय, जो है उसका आनंद पाने में ऊर्जा लगाई जाए।

जीवन का उद्देश्य यह मांग करता है कि हम अपनी सुविधा के दायरे से बाहर निकलें। बेशक, हम जो भी काम करेंगे; उसमें असफलता, निराशा व चुनौतियां तो आएंगी ही, लेकिन ये तो जीवन के अनिवार्य अंग हैं।

यदि हम हमेशा अपने जीवन के उद्देश्यों के साथ चलें व लगातार कोशिश करें, तो हमें जिंदगी से बहुत कुछ पाने से कोई नहीं रोक सकता।

●

भय पर काबू कैसे पाएं ?

हम जिस कार्य में भी सफल होना चाहते हैं, उसमें असफलता का भय तो सताता ही है। हम सब किसी-न-किसी से भयभीत अवश्य होते हैं जैसे-किसी दुष्ट व्यक्ति, साँप, जहरीले कीड़े, यहाँ तक कि अंधेरे का भय, परीक्षा का भय या लक्ष्य तक न पहुँच पाने का भय आदि।

कुछ भय केवल काल्पनिक होते हैं, जबकि कुछ वास्तविक भी हो सकते हैं। वास्तविक भय एसिड टेस्ट की मदद से पहचाने जा सकते हैं, जो कि हमें शारीरिक, मानसिक या भावात्मक रूप से चोट पहुँचा सकते हैं। यदि आपका भय वास्तव में खतरनाक है जैसे चोर-डाकुओं का भय; तब यदि आपके पास काफी नकद है तो, पहले से बचाव के उपाय अपनाने होंगे।

यदि आप सेहत संबंधी समस्या से भयभीत हैं, तो किसी डॉक्टर, विशेषज्ञ या मार्गदर्शक की सलाह ले लेना बेहतर होगा। जब तक आप भय का सामना नहीं करेंगे, तब तक आपकी स्थिति पूर्ववत् ही रहेगी।

भय से मुक्ति पाने के लिए, आपको अपनी सोच व काम करने का तरीका बदलना होगा। हम सभी चेतन रूप से एक समय में एक ही बात सोच सकते हैं इसलिए जब भी हतोत्साहित कर देने वाला कोई विचार मन में आए, तो उसे बीच में ही रोक दें। चिंतित व भयभीत होने के बजाय उससे विपरीत सोचें। दूसरे शब्दों में, आपको ऐसे विचारों से मुक्ति पाने के लिए अपना बचाव करना होगा, दूसरे विश्वास व मान्यताओं के बल पर उन्हें पीछे खदेड़ना होगा।

आपको प्रतिदिन स्वेच्छा, सजगता व विधिपूर्वक स्वयं को सकारात्मक सोच से पूरित करना है। प्रयास यही हो कि भयभीत करने वाले विचारों के स्थान पर अच्छे और सकारात्मक विचार ही मन में आएं। प्रायः हम जो भी कल्पना करते हैं, वह सत्य से कहीं परे होती है।

हममें से कोई भी साहस या भय के साथ जन्म नहीं लेता। हमारे भय, हमारी अपनी मान्यताओं, दूसरों द्वारा की गई भविष्यवाणियों, अप्रिय परिस्थितियों या प्रिंट मीडिया व टी.वी. के अंधविश्वासी स्तंभों का परिणाम हैं।

रात को अंधेरे में कहीं अकेले जाने या अपराधग्रस्त क्षेत्र में जाने जैसे भय जायज़ हैं। अतः असमय कहीं जाने व ऐसे किसी स्थान व क्षेत्र की उपेक्षा करने में ही अक्लमंदी है। सुरक्षात्मक कदम उठाकर हम भय से मुक्ति पा सकते हैं। याद रखें कि एक छोटा-सा भय भी हमारी महत्त्वाकांक्षा पर भारी पड़ सकता है। मतभेद, अनिर्णय, चिंता व संदेह की भांति यह भी हमारे बड़े शत्रुओं में से एक है।

हम सबकी अपनी सीमाएं हैं। यद्यपि, हममें से प्रत्येक कुछ-न-कुछ हैं, किंतु हममें से कोई भी 'सब कुछ' नहीं है। यह सच है कि किसी पर जरूरत से ज्यादा भरोसा हमें नीचा दिखा सकता है, लेकिन यह भी हकीकत है कि अगर हम किसी पर भरोसा न करते हुए किसी भी योग्य व्यक्ति को काम नहीं सौंपते, तो हो सकता है कि हमें मनचाहा काम न मिले और हम स्वयं पर ही काम का सारा बोझ लाद लेंगे।

आपको एक मौका लेना होगा क्योंकि आपका यह भय आपसे एक बेहतर भविष्य का मौका छीन लेता है। भयभीत होने पर, हम सामने आने वाले अवसरों का भरपूर लाभ नहीं ले पाते।

मैंने भी अपने संदेहवश कई महत्त्वपूर्ण निर्णय स्थगित किए हैं। मैं भी दूसरों की तरह हमेशा बीते कल और आने वाले कल की घटनाओं पर विचार करता रहता था। मैंने जाना कि जो बातें हुई ही नहीं या संभव है कि भविष्य में भी न हों, तो उनसे भयभीत रहने या उनके बारे में चिंता करने से कोई फायदा नहीं।

मैंने यह भी जाना कि बीते कल पर अफसोस करने से भी कोई लाभ नहीं होता। जो बीत गई, सो बात गई। जो है, वह आज है; मुझे इसी पर केंद्रित रहते हुए, स्वयं को भयमुक्त करना है।

प्रायः व्यक्ति को भय पर काबू पाने के लिए हिम्मती बनना पड़ता है और लगातार भय से लड़ते हुए लक्ष्यों तक पहुँचने का साहस संजोना पड़ता है। यदि आप धार्मिक स्वभाव के हैं, तो अपनी सारी चिंता व भय ईश्वर को सौंप सकते हैं व उनसे ही सब संवारने की विनती कर सकते हैं।

जब साहस से भय का सामना करेंगे, तो पाएँगे कि वह दूर भागता जा रहा है। जैसे कोई दुष्ट चुनौती पाते ही नौ दो ग्यारह हो जाता है।

हो सकता है कि कुछ काम दूर से थोड़े टेढ़े, मुश्किल व परेशानी से भरे लगें, लेकिन पास जाते ही वे आसान लगने लगते हैं। महत्त्वपूर्ण यह है कि आप कदम उठाएँ। निष्क्रियता से भय व संदेह जन्म लेता है। केवल सही कदम उठाकर ही आप अपनी ताकत व आत्मविश्वास बढ़ा सकते हैं। भय से ऊपर उठने का साहस संजोएं, अनजानी, अनदेखी ताकतें स्वयं आपकी सहायता के लिए आगे आ जाएंगी। ●

अहं से छुटकारा कैसे पाएँ?

अहं को प्रायः स्वाभिमान, आत्मछवि या अपने विषय में राय के रूप में जाना जाता है। अहं व गर्व के बीच एक पतली-सी विभाजक रेखा है। एक अहंकारी व्यक्ति यही मानता है कि वह जो भी कहता है, वह न केवल वैध है, बल्कि पूरी तरह से सच भी है। वह किसी भी तरह से विपक्षी मत पर ध्यान नहीं देता, जबकि यह भी सच है कि दूसरे व्यक्ति के नज़रिए में भी सच्चाई और सटीकता हो सकती है।

सच्चाई कोई सही बनाम गलत का मुद्दा नहीं है। ईमानदार तथ्य, वास्तविकता व अखंडता ही सत्य है। वास्तविकता यह है कि अहंवादी हमेशा दूसरों पर नियंत्रण पाना चाहता है। हो सकता है कि वह ऐसा प्रत्यक्ष रूप से न करें। यह कूट रूप से भी हो सकता है।

ऐसा व्यक्ति न केवल अपने मत को प्राश्रय देता है, बल्कि अपने प्रस्ताव व इच्छा दूसरों पर भी थोपना चाहता है। उसे दूसरों के परामर्श से घृणा होती है। यह हमेशा याद रखें कि हर दृष्टिकोण में कोई-न-कोई सच्चाई अवश्य होती है। हमें अपने अहं से ऊपर उठने के लिए इसे पहचानना होगा। स्वकेंद्रित व्यक्ति अपने सिवा प्रत्येक के दृष्टिकोण पर आपत्ति प्रकट करता है।

प्रत्येक दृष्टिकोण में कुछ-न-कुछ ईमानदारी व विश्वासनीयता होती है। हो सकता है कि हम उससे सहमत न हों, किंतु हमें खुले दिल से इतना तो अवश्य मान लेना चाहिए कि विभिन्न विषयों पर, लोगों के भिन्न-भिन्न मत हो सकते हैं।

जब हम तार्किक, न्यायी व शांत होते हैं, तो अपनी अहंवादी सोच व पद, से ऊपर उठ जाते हैं और उस स्थिति में हम अपने पक्ष के सिवा दूसरे के नजरिए पर भी ध्यान देते हैं। मेरे साथ भी कई बार ऐसा हुआ है, जब मैंने अपना पक्ष छोड़ कर दूसरे के नज़रिए को स्वीकारा है।

हमें अहसास होना चाहिए कि हममें से कोई भी पूरे संसार को विवेक व बुद्धिमता नहीं रखता। कई बार हम अहं की वजह से ही सही, पर यह न्यायसंगत सोच नहीं अपना पाते। हमारा अहं ही हमारे व उचित निर्णय के बीच की दीवार बन जाता है।

इसलिए जरूरी है कि हम सामने वाले के नजरिए में छिपी सच्चाई को भी स्वीकारें, फिर चाहे वह हमें कितनी ही नापसंद क्यों न हो। हमें यह पहचानना व मानना चाहिए कि लोग विभिन्न पृष्ठभूमियों व व्यावसायिक क्षमताओं के साथ बड़े होते हैं।

कोई भी किसी दूसरे की प्रति नहीं होता। सभी को किसी एक खास ढाँचे में नहीं ढाला जा सकता। संसार का प्रत्येक व्यक्ति भिन्न गुण, दोष और क्षमताएं रखता है। अहं किसी भी व्यक्ति के हुनर और योग्यताओं को मिटा सकता है इसलिए जरूरी है कि हम निरंतर सजग रहते हुए, स्वयं को सुधारें। यह करना आसान नहीं क्योंकि इसके लिए करनी व कथनी का एक होना जरूरी है।

स्वयं में सुधार के लिए आपको स्वयं पर नजर रखनी होगी कि आप किस परिस्थिति में स्वयं को श्रेष्ठ पाते हैं या कब आप अपने अहं को चोट पहुंचने पर क्रोधित हो जाते हैं।

निःसंदेह गर्व तथा अहं की विभाजक रेखा बहुत पतली होती है। इसे जानने का सबसे सीधा तरीका यही है कि अपना मूल्यांकन करें, कहीं आप दूसरों को स्वयं से हीन तो नहीं मानते?

हो सकता है कि हममें से कुछ जीवन में ऊँचे स्तर पर हों, पर मनुष्य होने के नाते हम सभी एक समान हैं। भारत में अपने से बड़े व बुजुर्गों के चरण-स्पर्श की परंपरा रही है। मैं बच्चों या बड़ों में से किसी को भी अपने पाँव नहीं छूने देता। मैं उनसे कहता हूँ कि मनुष्य होने के नाते हम सब एक समान हैं। जब हम अहं की नज़रों से देखते हैं, तभी ईर्ष्या, कलह, क्रोध, कलेश, स्वार्थ, जलन व नफरत जन्म लेते हैं।

हम अपने ही विचारों के माध्यम से इन भावों को जीवित रखते हैं। हमारी सेहत व भावों को उचित रखने की दृष्टि से अहं को त्यागना ही हितकर होगा।

जब माता-पिता या बॉस हमारी किसी बात से सहमत नहीं होते या हमारे प्रदर्शन से प्रसन्न नहीं होते, तो हम स्वयं को दुःखी, निराश व हतोत्साहित पाते

हैं। जीवन में किसी-न-किसी अवस्था में हमारे साथ ऐसा होता है। इसका उत्तर यही है कि हमें कुछ बातें दूसरों के नजरिए से भी देखनी सीखनी होंगी। हो सकता है कि हमारी करनी दूसरों को पर्याप्त न लगे और हो सकता है कि वे हमसे विभिन्न नजरिया रखते हों।

किसी भी दशा में, अहं से छुटकारा पाने में ही हमारा हित है, तभी हम ईर्ष्या, क्रोध व घृणा आदि भावों से भी विदा ले पाएँगे।

याद रहे कि जिस तरह हमें दूसरों का अहं पसंद नहीं आता, ठीक उसी तरह दूसरे भी हमारे अहं को नहीं चाहते होंगे। हम यदि दूसरों की कुछ कमियां नहीं झेल पाते, तो वही कमियाँ हमारे भीतर क्यों हों? अहं हमारी राह की सबसे बड़ी बाधा है। यह हमारा वास्तविक स्वरूप नहीं है। अहं बातों को सफेद-काले या सही-गलत के रूप में ही देखना चाहता है। अपनी उपलब्धि पर गर्वित होने या आत्म-विश्वास से भरपूर होने में कोई बुराई नहीं, लेकिन अहंवादी होकर, सब कुछ व्यक्तिगत रूप से लेना ठीक नहीं है। अहं से मित्रता का नाश हो जाता है। अहंवादी का स्वकेंद्रित स्वभाव संबंधों को तोड़ देता है। यह एक ऐसा रोग हैं, जिससे जितनी जल्दी छुटकारा पाया जाए, उतना ही ठीक होगा। ●

दुष्कर व्यक्तियों से कैसे पेश आएँ?

संसार का प्रत्येक व्यक्ति दूसरे व्यक्ति से अलग है तथा हर कोई अपने-आप में कहीं-न-कहीं, किसी-न-किसी के लिए दुष्कर व कठोर व्यक्ति है। याद रखें कि व्यक्ति व्यवहार नहीं होते। वे डरने पर, कोई राह न मिलने पर या अप्रिय परिस्थितियों में व्यवहार या फिर दुर्व्यवहार करते हैं। व्यक्ति अपनी परिस्थितियों के साथ-साथ बदल सकते हैं। व्यक्ति जीवंत ऊर्जा से भरपूर व विविध आयामों से युक्त हैं।

हालांकि, हम जो भी मानें, हमारे जीवन में कुछ ऐसे व्यक्ति होते ही हैं, जिन्हें हम उनके व्यवहार (आक्रामक या कोई और) के कारण अपना नहीं पाते। हर व्यक्ति के व्यवहार का एक ढाँचा होता है। हम प्रायः उसका पूर्वानुमान लगा लेते हैं व स्वयं को अप्रत्यक्ष रूप से उसकी प्रतिक्रिया के लिए तैयार कर लेते हैं। प्रत्येक मनुष्य अलग-अलग गुणों व स्वभाव वाला होता है; जैसे केवल हां या ना करने वाले व्यक्ति, कुछ न जानने वाले या सब जानने वाले व्यक्ति, हमेशा दूसरों को सताने वाले या गिले-शिकवे करने वाले या फिर सदा दूसरों के काम आने वाले व्यक्ति आदि।

जब व्यक्तियों की खूबियां या रूझान आपस में मेल नहीं खाते, तो संघर्ष पैदा होता है। कुछ ऐसे लोग हैं, जो हर काम सही तरीके से करना चाहते हैं, जबकि कुछ ऐसे भी होते हैं, जो पहचान या प्रशंसा पाने की चाह में असफल होने पर स्वयं को और मुश्किल बना लेते हैं।

यह भी वास्तविकता है कि प्रत्येक व्यक्ति में जानकारी का स्तर, शैक्षिक कौशल व संप्रेषण क्षमता अलग-अलग होती है। आक्रामक, नकारात्मक, भावात्मक व थोड़े टेढ़े किस्म के लोगों से पेश आना, थोड़ा मुश्किल हो सकता है क्योंकि इन सबसे अलग-अलग तरीके से व्यवहार करना पड़ता है।

जहाँ नकारात्मक व आक्रामक व्यक्ति आपको निष्क्रिय बना सकते हैं, वहीं 'यैस मैन' आपके जीवन व काम में कोई योगदान न देते हुए कुंठित कर

सकते हैं। साथ ही यह भी ध्यान रखें कि हो सकता है आप भी अपने आस-पास के लोगों के लिए खीझ का कारण हों, क्योंकि हम सभी किसी-न-किसी के लिए मुश्किल या परेशानी की वजह हो सकते हैं। बेहतर होगा कि संघर्ष, तनाव या मनमुटाव पैदा करने वाले नकारात्मक संबंधों को वहीं समाप्त कर दिया जाए। आपके जीवन में टकराव, संघर्ष या मनमुटाव के अवसर जितने कम होंगे, आप उतने ही सक्षम व प्रसन्न होंगे।

मैंने स्वयं भी अनुभव किया है कि कोई उलझन चाहे कितनी भी तार्किक क्यों न हो, मुझे नाखुश कर देती है। एक समर्थनयुक्त संबंध या संपर्क हमेशा शांति व अच्छे तालमेल का संदेश देता है। यदि परिवार के किसी सदस्य या बॉस से मनमुटाव की स्थिति उत्पन्न हो जाए, तो बेहतर होगा कि मतभेद उत्पन्न करने वाले मुद्दों को उठाया ही न जाए। आम तौर पर धर्म, राजनेताओं की भूमिका या व्यक्तिगत छवियों जैसे विषयों पर भी चर्चा नहीं करनी चाहिए। इनसे भी अकारण कड़वाहट पैदा होती है।

यदि दूसरे लोग जबरदस्ती आपको बहस में खींचने की कोशिश करें, तो यह कह कर बाहर निकल सकते हैं कि हर कोई अपनी राय रखता है। याद रहे कि वहाँ अपनी कोई राय या नजरिया पेश न करें।

जब भी मुझसे कोई ऐसे मुद्दों पर राय मांगता है, तो मैं या तो चुप्पी साध लेता हूँ या कहता हूँ कि मैं इस मामले में कोई विशेषज्ञता नहीं रखता।

मैंने यह भी जाना है कि अपनी बुद्धिमता व विवेक से किसी दुष्कर व्यक्ति को बदलना भी व्यर्थ होता है। मैंने जब-जब ऐसा करना चाहा, इससे आलोचना को बढ़ावा मिला और बात ज्यादा उलझ गई।

कैसे भी हालात या परिस्थितियाँ हों, ऐसे लोगों के बुरे बर्ताव या अपमानजनक रवैये को बरदाश्त न करें, वरना उन्हें लगेगा कि उन्होंने आपको दबा दिया।

आपको ऐसे लोगों के दबदबे में नहीं आना चाहिए। यदि व्यक्तिगत या औपचारिक रूप से मिलने की विवशता न हो, तो इनसे संपर्क न साधने में ही भलाई है। कोशिश करें कि वह व्यक्ति अपनी सीमा न लांघे। उसे एक हद तक ही सहन करें।

आपको किसी दुष्कर या बुरे व्यक्ति को प्रसन्न रखने के लिए नाजायज़ तरीके अपनाने की कोई जरूरत नहीं है। उससे कभी किसी मदद की अपेक्षा न करें और न ही मदद मांगें। किसी भी स्वकेंद्रित व्यक्ति से अपने राज़ या

व्यक्तिगत जीवन न बांटें। हो सकता है कि वह आपके जीवन को और भी नारकीय बना दे।

अपने सहायकों से ही मदद मांगें व उनसे ही अपेक्षा रखें। हो सके तो ऐसे अप्रिय लोगों को अपने जीवन से ही निकाल दें। उदाहरण स्वरूप यदि आप सैर पर निकले हैं और आपको लगता है कि उस अप्रिय व्यक्ति से आपकी मुठभेड़ हो सकती है, तो उसके ताने सुनने के बजाय अपना रास्ता बदल लेना कहीं बेहतर होगा।

आपको पता होना चाहिए कि ऐसे लोगों से कन्नी कब काटनी है। इन लोगों से संबंध तोड़कर, उन्हें अपनाएं जो आपके साथ एक सकारात्मक व खूबसूरत तालमेल वाला रिश्ता कायम कर सकते हैं। हालांकि, आपको बुरे लोगों के साथ भी विनम्रता ही बरतनी है, लेकिन उनसे आत्मीयता न रखें और यदि आप एक सुखी व संतुष्ट जीवन जीना चाहते हैं, तो कभी भूलकर भी ऐसे लोगों पर भरोसा न करें।

अपनी भूलें कैसे सुधारें?

यदि हमारी बातों या व्यवहार से किसी को चोट पहुँची हो, तो अहसास होते ही तुरंत क्षमा माँग लेनी चाहिए। यह तनाव को दूर रखने का एकमात्र तरीका है। यदि समय रहते क्षमा याचना न की जाए, तो यह तनावपूर्ण हो सकता है।

हमें अपनी गलतियों से सबक लेकर, उनसे ऊपर उठना चाहिए। अपने जीवन व कार्यों के प्रति उत्तरदायी होने का यही एक तरीका है, परंतु इस राह में अहं हमारी सबसे बड़ी समस्या है, जो अक्सर हमारे व भूल को स्वीकारने के बीच आ जाता है। यदि आप सोचते हैं कि जीवन में कोई व्यक्ति भूलें किए बिना रह सकता है, तो यह आपका भ्रम है।

यदि हम भूलों से सबक नहीं लेते तो इसका अर्थ होगा कि हम एक और अवसर गँवा रहे हैं। गलतियों व संभावित गलत कदमों का निरंतर मूल्यांकन ही उनसे कुछ सीखने व भविष्य में उन्हें अनदेखा करने का तरीका है।

उन परिस्थितियों की सूची बनाएँ जिनसे आप भयभीत हैं तथा बुरे से बुरा होने की कल्पना करें। कल्पना करें कि कोई आपको सताता है, तो बुरे से बुरा क्या हो सकता है? या तो दुष्ट नीचा पड़ जाएगा या आपका संघर्ष होगा।

ऐसा मौका शायद नहीं आएगा कि सताने वाला व्यक्ति और भी भड़क जाए क्योंकि ऐसे में वह अपने बचाव का रास्ता तलाशेगा। आपको अपनी बात दूसरों तक पहुँचानी होगी अन्यथा वे कैसे जान पाएँगे कि आप उनसे क्या उम्मीद रखते हैं?

हर रोज़ किसी-न-किसी भय से ग्रस्त होकर कार्य करना, आपको कुंठा का शिकार बना सकता है। आपको हर प्रकार का भय पीछे छोड़कर अगला कदम बढ़ाना होगा। भय से बचना चाहते हैं, तो सबसे पहले अपने भय को पहचानें। इस पर ऊर्जा नष्ट करने के बजाय इसका खुल कर सामना करें।

जिस कार्य से भय लगे, उसे बार-बार करें। प्राय: बचपन से हमें सिखाया जाता है कि दूसरों की मदद लेना अच्छी बात नहीं है।

यही बात हमारे दिमाग में बस जाती है। यदि आप अब भी संदेह में हों तो स्वयं से पूछें कि आप किस उद्देश्य से, किसी से विनती कर रहे हैं। सहायता की माँग एकतरफा नहीं होनी चाहिए, यदि आप से भी जब कोई सहायता माँगे या आपको मदद करने का अवसर मिले, तो उसे कभी न चूकें। उनकी भी सहायता करें, जिन्होंने आपको कभी मदद नहीं की।

अपने उद्देश्यों व लक्ष्यों तक पहुंचना ही हमारे जीवन का अंतिम लक्ष्य है। हमें केवल प्रयास नहीं करना, बल्कि एक विजेता के रूप में उभरना है। हम या तो सफल होंगे या फिर असफल होंगे। इन दोनों के बीच कुछ नहीं होता, लोग चाहे कुछ भी कहें।

केवल यह कह देना कि आपने कोशिश की काफी नहीं है। अगर कुछ शुरू किया है तो लक्ष्य तक पहुंचने तक लगातार कोशिश करते रहें, रुके नहीं। हो सकता है कि उस समय आपको अहसास न हो कि कोशिश न करने से, आप क्या खो देंगे। बस लक्ष्य तय करें व उस तक पहुंचने के लिए निरंतर प्रयत्नशील रहें।

जीवन में विघ्न-बाधाएं तो आती ही हैं। लक्ष्य को भुलाकर इन अड़चनों से टकराना तो कोरी मूर्खता ही होगी। आपको लक्ष्य पर केन्द्रित रहते हुए इन बाधाओं से पार पाना होगा।

आपको अपने लक्ष्य प्राप्ति की राह में किसी की मदद लेने में भी संकोच नहीं करना चाहिए। काम को बीच में छोड़ देने पर तो असफलता निश्चित है, किंतु यह निर्णय भी केवल हमीं ले सकते हैं, कोई दूसरा नहीं ले सकता।

आपको सफलता तक न पहुँचने के लिए स्वयं से ही बहाने नहीं गढ़ने चाहिए। कोई भी दैवीय शक्ति या करिश्मा आपको समस्या से छुटकारा नहीं दिलाएगा। आप स्वयं ही करिश्मा हैं और आप स्वयं ही करिश्मा कर सकते हैं। हालात चाहे कोई भी हों, स्वयं से हमेशा कहते रहें कि आप इसे अवश्य ही कर सकते हैं।

परिवार हो, स्वास्थ्य हो या फिर संबंध; हर समय सब कुछ फिट नहीं रह सकता। अगर आपको कोई काम, कोई खास जिम्मेदारी सौंपी गई है, तो उसे इस सोच के साथ शुरू न करें कि वह पूरा नहीं होने वाला।

जो जिम्मेदारी मिले, उसे बोझ न मानें। अगर आप हमेशा सकारात्मक नहीं रह सकते, तो कम-से-कम नकारात्मकता न फैलाएँ। किसी काम की करने व प्रयास करने से पहले और संभावित विकल्प तलाशने से पहले ही फैसला न सुनाएँ कि 'यह काम नहीं हो पाएगा'। असफलता में कुछ भी स्थाई नहीं होता। यहाँ तक कि बाधाएँ भी अस्थायी होती हैं। याद रखें कि यदि आप योगदान नहीं दे सकते, तो उन लोगों के बीच में न आएँ जो योगदान दे रहे हैं। यदि अपने भाग्य व भविष्य पर नियंत्रण पाना चाहते हैं, तो सबसे पहले नकारात्मक रवैये को त्यागना होगा।

अपने प्रतिदिन के कार्यों के उद्‌देश्यों को जीवन के उद्‌देश्यों से जोड़ें। स्वयं को सशक्त बनाने का यही एक तरीका हो सकता है। आपको जीवन के लक्ष्यों के प्रति पूरी तरह से वचनबद्ध होना चाहिए। यदि आप किसी संगठन के लिए काम कर रहे हैं, तो उनके लक्ष्य आपके लक्ष्य होंगे। इस तरह आप अपने कार्यों को नए मूल्य प्रदान कर सकते हैं। जीवन में 'आशा' ही एक ऐसा शक्तिशाली बल है, जो बेहतर दुनिया बनाने में सहायक हो सकता है। जब तक आप आशा का दामन नहीं छोड़ते, इस दुनिया में सब कुछ संभव है। ●

सुनहरा अवसर कैसे पाएँ?

ऐसी अनेक चीजें हैं, जिनके विषय में आपको पूरी सैद्धांतिक जानकारी तो होती है, किंतु आप उन्हें अपने ऊपर लागू नहीं करते या आधे मन से करते हैं। जैसे हम सभी जानते हैं कि जब हम अपना बेहतर नहीं दे पाते या थकान महसूस करते हैं, तो हमें जबरन काम करने के बजाय थोड़ा आराम कर लेना चाहिए, लेकिन फिर भी लोग एक आम मान्यता या उम्मीद के आधार पर काम करते रहते हैं कि उन्हें उनका काम पूरा कर लेना चाहिए।

हममें से प्रत्येक के लिए सबसे बेहतर कार्य कर पाने का एक समय होता है। अगर हम उस खास समय में अपना सबसे खास काम कर सकें, तो अद्‌भुत परिणाम पाएँगे। आराम शरीर के लिए ईंधन का काम करता है। इससे हमारे हुनर व संवेदना में निखार आता है। यदि आप आराम करने के समय अच्छी तरह आराम नहीं करते, तो जो समय आपका पूरी उत्पादकता के साथ काम करने का होगा, उस समय आप साधारण काम भी नहीं कर पाएँगे।

मानसिक रूप से थके हुए हैं, तो आप न तो यहाँ के हैं न वहाँ के। बेशक काम के लिए पूरी लगन व कड़ी मेहनत चाहिए, लेकिन खुद को इतना थका लेना कि आप प्रसन्नता पूर्वक कुछ करने योग्य ही न रहें, तो वह भी किसी सजा से कम नहीं होगा। हमें दूसरों के लिए अपने कामों की भी उपेक्षा नहीं करनी है।

एक समय था, जब मैं प्राय: अपनी क्षमता से कहीं अधिक काम सिर पर ले लेता था। इतने काम व जिम्मेवारियों के बाद, दिन के आखिर में, मैं काफी थक जाता था। दूसरों को प्रसन्न करने के लिए खुद को दु:ख देने में कोई बुद्धिमानी नहीं है।

मुझे अचानक एक दिन अहसास हुआ कि यह न केवल गैर–उत्पादक तरीका था, बल्कि मुझे ऐसी स्थिति में भी डाल देता था कि मैं कोई काम भी बेहतर तरीके से नहीं कर पाता था। हमें उन कामों पर समय लगाना सीखना

चाहिए, जो हमारे लिए बहुत मायने रखते हों। हमें दूसरों की खुशी के लिए उनसे समझौता नहीं करना चाहिए।

लोग आराम करने के लिए अलग-अलग तरीके अपनाते हैं। मुझे प्राय: रात को सोने से पहले कोई किताब या चुटकुले पढ़ कर सोने की आदत है, ताकि मेरा मूड खुशनुमा हो सके। मैं अक्सर उन बातों व लोगों से दूर रहता हूँ, जो मुझे अवसाद ग्रस्त करते हैं।

यदि आप सचमुच स्वयं से कुछ बेहतर चाहते हैं या दूसरों के लिए कुछ अच्छा करना चाहते हैं, तो आपके मूड का खुशनुमा होना जरूरी है। तभी आप अपने लिए एक सुनहरा भविष्य लिख सकते हैं। हमें जीवन को यूँ ही नहीं जीना, बल्कि पूरी तरह से ध्यान रखना है कि हम इस जीवन में कर क्या रहे हैं?

आने वाले एक, दो, पाँच या दस सालों में, आप अपने जीवन को किस रूप में देखना चाहेंगे, उसे लिख कर रखने का विचार भी बुरा नहीं है, तभी आप समय-समय पर तयशुदा लक्ष्यों से अपनी उपलब्धियों की तुलना कर पाएँगे और सपनों को साकार करने की दिशा में कदम बढ़ा पाएँगे। यहाँ तक कि आप स्वयं को एक पत्र भी लिख सकते हैं कि किसी खास दिन या साल में, आप जीवन के किस मुकाम तक पहुँचना चाहते हैं।

इस तरीके से आप यह अनुमान लगा सकते हैं कि आपका करियर व जीवन नियोजित रूप से आगे बढ़ रहा है या नहीं या आप अपनी ही अपेक्षाओं पर खरे उतर पा रहे हैं या नहीं? इससे आपके नैतिक बल में भी वृद्धि होगी। यदि जीवन में कुछ पाना चाहते हैं, तो न केवल उसके लिए लगातार प्रयास करना होगा, बल्कि उन प्रयासों को करते समय मन को भी प्रसन्न रखना होगा, आप उदास, परेशान या कुंठित मन से तो कभी प्रगति नहीं कर पाएँगे।

लक्ष्यों की दिशा में चलते समय, मन की खुशी बहुत मायने रखती है। हर चीज़ की हमें एक कीमत चुकानी पड़ती है और यहाँ इस कीमत में अच्छे विचार व भावनाएँ भी शामिल हैं।

लक्ष्य की ओर बढ़ने के लिए जो प्रोत्साहित करे, उसी में सफलता का राज़ छिपा है। बेहतर महसूस न करने की परिभाषा भी पूरी तरह से व्यक्तिगत होती है। इसे जानने के लिए हमें किसी विशेषज्ञ से परामर्श की जरूरत नहीं होती। आप नर्क के रास्ते से 'स्वर्ग' के द्वार तक नहीं पहुँच सकते। आपको क्या अच्छा लगता है? यह जानने के लिए भीतरी मार्गदर्शक व सोच का पालन करें। आपके लिए आपसे बेहतर विशेषज्ञ कोई दूसरा नहीं हो सकता।

अच्छा महसूस करना चाहते हैं, तो जीवन से उन बातों को बाहर निकाल दें, जो आपको अच्छी नहीं लगतीं। यह कुछ भी हो सकता है, राह में आने वाली कोई बाधा भी हो सकती है। सबसे पहले तो आपको खुश महसूस करना होगा, मुस्कुराना होगा; चाहे पहले-पहल जबरन ही क्यों न करना पड़े। आपका उद्देश्य यही होना चाहिए कि न केवल अपने, बल्कि दूसरों के जीवन में भी खुशियाँ भर सकें।

दूसरे आपके बारे में क्या सोचते हैं, इस मानसिक बोझ व बाधा से भी छुटकारा पाएँ। दूसरे आपके बारे में क्या सोचते हैं, इस चिंता से कभी खुशी नहीं मिल पाती। चिंता करने से या अपने हर काम में दूसरों की सहमति तलाशने से, आप अपने लिए मानसिक बोझ बढ़ा लेते हैं।

यह तो तय है कि गलतियाँ तलाशने वालों की कमी नहीं है। वे कभी संतुष्ट नहीं होंगे, आपके हर काम व बात में मीनमेख निकालेंगे। न केवल बॉस बेहतर तरीके से काम करने की सलाह देगा, बल्कि हर कोई मुफ्त की सलाह देने से बाज नहीं आएगा।

जब तक आप अच्छे तरीके से अपना काम कर रहे हैं, तो आपको दूसरों की सोच की परवाह करने की जरूरत नहीं है कि वे क्या सोचते हैं; यह सवाल आपकी राह की अड़चन बन सकता है। हमने दूसरों को प्रसन्न रखने की जिम्मेवारी नहीं ले रखी। हममें से प्रत्येक अपनी प्रसन्नता के लिए उत्तरदायी है। कोई भी आपको प्लेट में प्रसन्नता परोस कर नहीं देने वाला।

●

अपने 'सपनों की सूची' कैसे करें साकार?

जीवन में हम कई कार्य स्वचालित रूप से करते हैं। जब हम सैर पर जाते हैं, व्यायाम करते हैं या भोजन करते हैं, तो हमें ये काम करने के लिए कोई गंभीर चिंतन नहीं करना पड़ता। अगर रास्ता साफ हो तो हम यह नहीं सोचते कि हमें सैर करने के लिए पूर्व दिशा में जाना चाहिए या पश्चिम दिशा में कदम बढ़ाना चाहिए।

हम अपने तरीके से अपने जीवन को आगे बढ़ाने की आजादी रखते हैं। आपको आत्मनिरीक्षण द्वारा जानना होगा कि क्या आप अपनी पूरी सामर्थ्य का उपयोग कर पा रहे हैं, यदि पूरे प्रयासों के बावजूद अपेक्षित सफलता नहीं मिल पाती, तो यह आपके लिए एक चुनौती है कि आपको कितनी व कैसी मेहनत और करनी है।

बस सबसे खास बात यही है कि जीवन में जीत हासिल करने के लिए जो भी करना पड़े, आपको वह करने की उमंग होनी चाहिए। हालांकि, कई लोग महसूस करते हैं कि वे भर-पूर प्रयासों के बावजूद मनचाही सफलता प्राप्त नहीं कर पाते। ऐसा इसलिए होता है क्योंकि वे जीवन को नियंत्रित करने की स्थिति में नहीं होते। सबसे अहम बात है कि जीवन को नियंत्रण में लें, वह नहीं करें जो आपके लिए सबसे ज्यादा महत्त्व रखता है।

मेरा एक मित्र लगातार शिकायत करता रहता है कि उसे परिवार के लिए व मनचाहे काम करने के लिए समय नहीं मिल पाता। मैंने उससे कहा कि वह आने वाले सात दिनों तक हर दिन का, हर मिनट का हिसाब लिखे। उसने न चाहने पर भी ऐसा किया। फिर मैंने पूछा कि क्या वे काम उसके लक्ष्य व उद्देश्यों के अनुकूल थे। उसने अनिच्छा से बताया कि वह दो घंटे गपशप में, तीन घंटे टी.वी. के आगे और दो घंटे टेलीफोन के साथ बिताता था। फिर मैंने

पूछा कि क्या ये सब उसके लिए व्यावसायिक रूप से सहायक था। उसने स्वीकारा कि इन सारे कामों में से केवल 5 प्रतिशत कामों को व्यवसाय से संबंधित माना जा सकता था। यह तो साफ ही है कि इसी वजह से उसे वांछित परिणाम नहीं मिल पा रहे थे।

आपको जीवन से उन बातों को निकालना होगा, जो दूर-दूर तक आपके लक्ष्यों से मेल नहीं खातीं।

जीवन की परिस्थितियों में सुधार लाना चाहते हैं, तो उन पर नियंत्रण पाना सीखें। आपके लिए यह पूरी तरह से स्पष्ट होना चाहिए कि जीवन को किस रूप में जीना चाहेंगे। आप 24 घंटे से अधिक समय नहीं पा सकते, किंतु अहम कामों को प्राथमिकता सूची में सबसे ऊपर रख सकते हैं। सफलता पाने का सबसे बड़ा राज़ यही है- अपने जीवन को नियंत्रित करें। यह समय-समय पर नहीं, बल्कि जीवन के प्रत्येक मिनट में करना होगा।

यदि फिर भी सब कुछ नियोजित रूप से न हो, तो दूसरों को दोष देने के बजाय अपनी नीतियों पर नए सिरे से विचार करें। अपने व्यवसाय के लोगों से बात करें, कुछ नया सीखने व लागू करने का प्रयास करें। आने वाली संभावनाओं व अवसरों का प्रयोग करने से न चूकें।

लक्ष्य प्राप्ति के लिए काम आने वाले संसाधन पहचानें व उनका प्रयोग करें। यदि आपके पास हर काम के लिए पर्याप्त समय न हो तो दूसरों से परामर्श लेने में भी कुछ बुराई नहीं है। मंजिल की राह में आने वाली हर छोटी-बड़ी परेशानी को लिखें व उसे दूर करने के समाधान तलाशें।

आपको पता होना चाहिए कि भविष्य में कौन-सी मुसीबत या समस्या आ सकती है। समस्याओं के समाधान के लिए नए सिद्धांतों की मदद लें। उन सभी नीतियों में से बेहतर नीतियों का चुनाव करें, जिनके बल पर लोगों ने सफलता पाई हो।

आपको स्वयं अपनी बाधा, अड़चनों व परेशानियों से ऊपर उठना सीखना है। फिर अपने तरीके से समस्याओं का समाधान करना है। तभी आप दी गई परिस्थिति में बेहतर नतीजे दे सकते हैं। संभावित विकल्पों में से बेहतर का चुनाव करें, क्योंकि हर समस्या के समाधान का कोई-न-कोई तरीका अवश्य होता है। आप इंटरनेट या लाइब्रेरी की मदद भी ले सकते हैं। यह तथ्य कभी न भूलें कि सभी मुश्किलों, कठिनाइयों या इंसानों के लिए एक हल नहीं होता। आपको खुद पता होना चाहिए कि आपने कोई खास निर्णय किस आधार पर

लिया। याद रखें, हर बदलाव और सफलता पर कीमत का रंग होता है और आपको इसे चुकाने के लिए तैयार रहना होगा। यह भी देखना होगा कि आप इस मंज़िल तक पहुँचने के लिए क्या कीमत चुका रहे हैं। आपको अपने जीवन तथा भाग्य का नियंता बनने की कीमत चुकानी होगी। जहां तक मेरा प्रश्न है, मैं न तो भाग्य के विषय में अधिक जानता हूं और न ही इस पर निर्भर हूं। कड़ी मेहनत, सही व गलत अवसर में चुनाव व उस पर अमल करना ही मेरे लिए 'भाग्य' का दूसरा नाम है। ●

सफलता के लिए जादुई फार्मूला कैसे प्रयोग करें?

किसी भी क्षेत्र की सफलता आपकी जानकारी, सक्षमता व निश्चित परिणाम पाने के प्रति समर्पित होने पर निर्भर करती है। अगर कुछ सही तरीके से काम न करें, तो हमें उसका फीडबैक लेना चाहिए कि हमारी असफलता का कारण क्या है। फीडबैक व उस पर दी गई प्रतिक्रिया पर ही हमारी उपलब्धि निर्भर करती है।

समस्या यह है कि हम कुछ काम एक ही तरह से करने के आदी हो जाते हैं। हमें बदलते समय व जरूरत के अनुसार अपने अभ्यास व काम के ढांचे में बदलाव लाना जरूरी है। इसका अर्थ है, अपनी सोच में बदलाव लाना और परिवर्तन लाने का अर्थ है कि हम खतरा मोल लेने को तैयार हैं।

यह भी हमेशा याद रखें कि हर बार हम सफल हों जरूरी नहीं और न ही हम हमेशा असफल हो सकते हैं। हम जो भी चाहते हैं, उसके प्रति सुस्पष्टता ही सफलता का मूलमंत्र है।

हमें अपना व्यवहार बनाना होगा। हमें अहसास होना चाहिए कि हर व्यक्ति अपने-आप में अनूठा है तथा यह जरूरी नहीं कि किसी एक का तरीका दूसरे के भी काम आए। हम दूसरे व्यक्तियों, उनके आचरण व घटनाओं पर तो नियंत्रण नहीं पा सकते, किंतु उनके प्रति अपनी प्रतिक्रिया तो बदल ही सकते हैं।

इससे पहले कि हम दूसरों को बदलें, हमें दूसरों के लिए आदर्श बनते हुए अपनी रोज़मर्रा की घटनाओं से कुछ-न-कुछ सीखते रहना चाहिए। बाकी सब कुछ वैसा ही रहेगा, केवल हमें बदलना सीखना है। यह हमारा चुनाव है कि हम कौन-सा रवैया अपनाते हैं। व्यक्तियों व घटनाओं के प्रति एक तयशुदा प्रतिक्रिया देना ही 'रवैया' कहलाता है।

यह रवैया हमारे आचार-व्यवहार से झलकता है। शारीरिक भाव-भंगिमा से भी दूसरे व्यक्ति या घटना के लिए हमारी प्रतिक्रिया झलकती है। इस प्रकार हम एक भी शब्द कहे बिना दूसरे व्यक्ति पर अपनी पसंद-नापसंद प्रकट कर देते हैं।

यद्यपि हमारे पास अपना रवैया या प्रवृत्ति चुनने की आजादी होती है, लेकिन कई बार दूसरों का रवैया हमें हमारे बेहतर प्रयासों के बावजूद, कोई खास तरह का कदम उठाने पर मजबूर कर देता है। यदि कोई आपको चोट पहुंचाए तो या तो आप पलटवार करते हैं या मार खाकर चुपचाप लौट आते हैं। अतः कई बार हमें सही और भले कारण के बावजूद ऐसा रवैया अपनाना पड़ जाता है, जिसे हम कभी न अपनाना चाहते। याद रखें कि साहसी बनने या भयभीत होने का भी एक समय होता है। जब हम महत्त्वपूर्ण और प्रतिक्रिया देने वाली बातों पर भी चुप्पी साध लेते हैं, तो हम उसी दिन स्वयं को खत्म कर लेते हैं। वैसे यह भी हमीं पर निर्भर करता है कि हम रोज़मर्रा की घटनाओं से कोई सीख लेते हैं या नहीं।

हम जो भी करें, उसे बेहतर-से-बेहतर करने की कोशिश करें। 75 प्रतिशत सफलता तो आपकी इसी सोच में छिपी है। अगर आप अपने काम का आनंद लेते हैं, तो आपको सफल होने से कोई नहीं रोक सकता। एडीसन सहित उनके जीनियसों ने यह माना है कि जीनियस = 90 प्रतिशत पसीना व 10 प्रतिशत बुद्धिमता व कड़ी मेहनत।

अवसरों की कमी नहीं होती, बस हमें अपने हुनर को निखार कर, उनका लाभ उठाना आना चाहिए। जब भी कोई मौखिक रूप से आक्रमण करे, तो आपको अपनी मर्यादा नहीं खोनी। समझदार व्यक्ति आदरणीय व्यक्तियों की मानहानि नहीं करते। यदि सामने वाला रूखा, बदमिज़ाज और दुष्ट है, तो उसे यह संकेत अवश्य दें कि आप भी कम ताकतवर नहीं है। ऐसे में वह दोबारा हमला करने से हिचकिचाएगा, किंतु ऐसा करते समय ध्यान रहे कि कहीं आप उसके स्तर पर न आ जाएं।

कोई भी बाधा सामने आते ही तीन संभावित समाधान सोचें व तय करें कि आप परिस्थिति का सामना कैसे करेंगे? समाधान केंद्रित होने की आदत डालें। जीवन में समस्याओं के कोई जादुई समाधान नहीं होते, आपको निरंतर उनसे निपटने के नए-नए तरीके खोजने होते हैं।

अपने कार्य में सक्षम होना चाहते हैं, तो दूसरों के कार्य में हस्तक्षेप न करें, बिना मांगे परामर्श न दें व दूसरों को उसके अनुसार व्यवहार व कार्य करने दें।

यदि आप बॉस हैं तो समय-समय पर अपने कार्य का मूल्यांकन अवश्य करें ताकि पता चल सके कि आप सही रास्ते पर हैं या नहीं। दूसरे अपना कार्य कैसे करें, यह बताने की जिम्मेदारी अपने कंधों पर न लें।

यह न कहें कि मनुष्य परिस्थितियों के हाथों का खिलौना है, बल्कि आपको मानना है कि मनुष्य स्वयं परिस्थितियां गढ़ता है। सफल होने का एक तरीका यह भी है कि प्रतिदिन कोई एक ऐसा कार्य अवश्य करें, जो आप नहीं करना चाहते। इस तरह आप बिना किसी परेशानी के हर प्रकार का कार्य करने के आदी हो जाएंगे।

लोग प्रायः जीवन में लक्ष्य तक न पहुंच पाने के बहाने गढ़ते हैं। इनमें से सबसे आम है 'ईश्वर' या 'किस्मत'। आप इस जाल में न उलझें। जो भी करें, पूरे दिल, लगन व योग्यता से करें। तभी आपकी महत्त्वकांक्षाएं साकार हो सकती हैं। याद रखें कि ऐसी कोई भी सलाह या मश्विरा नहीं होता, जिससे थोड़ी बहुत असुविधा न हो।

हम अपनी संकल्प शक्ति के बल पर ही आने वाला कल गढ़ सकते हैं। आपकी सफलता या असफलता, केवल आपके कर्मों का परिणाम है, किसी दूसरे के नहीं। यह हम पर निर्भर करता है कि हम पथ की बाधा हटाएंगे या उलझाव में फंसकर रह जाएंगे। यह हमारा चुनाव है, यह हमारा उत्तरदायित्त्व है कि हम जीतेंगे या हारेंगे। हम स्वयं ही अपने भाग्य नियंता हैं। मनुष्य के पास एकमात्र विकल्प यही है कि वह अपनी मेहनत व लगन के बल पर आगे बढ़े।

●

जीवन में प्रभावी संप्रेषण कैसे विकसित करें?

किसी भी सौदे या व्यवसाय में संप्रेषण ही सफलता का आधार होता है। जब तक हम अपनी बात को प्रभावी ढंग से दूसरों तक नहीं चहुंचाते, तब तक दूसरों के माध्यम से अपनी संतुष्टि का कार्य नहीं पा सकते।

समस्या यह है कि लोग वह सब नहीं कह पाते, जो कि वे कहना चाहते हैं और यदि वे कुछ कहते हैं, तो जरूरी नहीं कि वह बेहतर तरीका ही हो। बुरे संप्रेषण का सबसे बड़ा कारण यही है कि लोग दूसरों की बात सुनते समय पूरा ध्यान नहीं देते। अहम बात यह है कि हमें दिमाग में बैठी बातों को दरकिनार कर, सामने वाले को पूरे ध्यान से सुनना चाहिए। ऐसी परिस्थितियों में नतीजा यह होगा कि हम वही कहेंगे, जो उनके साथ अतीत के बुरे अनुभवों पर आधारित होगा। कई बार हम श्रोता की बात सुने बिना ही पूर्वानुमान लगा लेते हैं व उसके अनुसार प्रतिक्रिया दे देते हैं। हम सामने वाले की बात की स्वयं ही व्याख्या करते हैं और स्वयं ही प्रतिक्रिया भी दे देते हैं।

हमें स्पष्ट रूप से समझ जाना चाहिए कि हमारी संप्रेषण क्षमताएं जीवन के तकरीबन प्रत्येक पहलू को छूती हैं। हम जीवन में जो भी करें, उसके लिए दूसरों से संप्रेषण होना आवश्यक है। संप्रेषण मौखिक अथवा लिखित हो सकता है। प्रभावी संप्रेषण के बल पर ही व्यक्ति व कॉर्पोरेशन बेहतर नतीजे पाते हैं।

उचित संप्रेषण के अभाव में हम यह भी नहीं जान पाएंगे कि हम बॉस या जिनके साथ काम कर रहे हैं, उनकी अपेक्षाओं पर खरे उतर पा रहे हैं या नहीं। हमारे अधीनस्थ वांछित स्तर पर योगदान दे रहे हैं या हमें पीछे धकेल रहे हैं, यह सब उचित संप्रेषण द्वारा ही पता लगाया जा सकता है। यहां तक कि व्यक्तिगत जीवन में भी यदि हम उचित संप्रेषण नहीं करते, तो परिवार के

सदस्यों या जीवन साथी के साथ संबंध बिगड़ते देर नहीं लगती।

वास्तव में संप्रेषण एक दोतरफा प्रक्रिया है। यह एक बार में होने वाली नहीं, बल्कि निरंतर चलने वाली प्रक्रिया है। इस प्रक्रिया में श्रोता व वक्ता की भूमिका बहुत महत्त्व रखती है। सही तालमेल तभी कायम हो सकता है, जब संप्रेषण करने वाले दोनों व्यक्ति प्रभावी योगदान दें।

उद्देश्यपूर्ण संप्रेषण के लिए हमें अपने अंदर एक अच्छा श्रोता बनने के गुण भी विकसित करने होंगे। यदि आपको संदेह है कि आपकी बात या उसके मुख्य बिंदु सही तरह से संप्रेषित नहीं हो पाए, तो पूछने में कोई हर्ज नहीं कि सामने वाले तक पूरा संदेश पहुंचा या नहीं। वक्ता व श्रोता के बीच नेत्रों का सीधा संपर्क होने से कही व सुनी गई बात बेहतर तरीके से संप्रेषित हो जाती है।

हम सभी प्रत्येक घटना तथा व्यक्तियों के लिए व्यक्तिगत तौर पर पसंद-नापसंद रखते हैं। यह सब हमारे पालन-पोषण, पारिवारिक पृष्ठभूमि, संस्कृति, जीवन के अनुभवों, समाज, माता-पिता व अध्यापकों की शिक्षा पर निर्भर करता है। हमें व्यक्तिगत छाप या सोच को पीछे रखते हुए, श्रोता की बात ध्यान से सुननी चाहिए।

यदि हमने मन में पहले से ही कोई छवि बना रखी होगी, तो चाह कर भी श्रोता को ध्यानपूर्वक नहीं सुन पाएंगे। श्रवण क्षमता बढ़ाने के लिए जिन आदतों या व्यवहार को बदलना चाहते हैं, उसकी एक सूची बना लें। सबसे खास बात यह है कि श्रोता को पूरी तरह सुने बिना प्रतिक्रिया न दें। सजग प्रयत्न द्वारा यह पहचानने की कोशिश करें कि आपकी श्रवण योग्यता व क्षमता के बीच कौन-सी बाधा आती है। इस तरह किसी भी स्थिति पर प्रतिक्रिया देने या पूरे संप्रेषण से पहले ही आपके सामने एक बड़ी तस्वीर आ जाएगी।

एक अध्ययन के अनुसार, हममें प्रति मिनट 500 शब्द सुनने की क्षमता पाई जाती है। बोलने की शब्द दर 100 से 140 शब्द प्रति मिनट हो सकती है, चूंकि सोचने की गति बोलने की गति से अधिक है, इससे संप्रेषण बीच में टूट सकता है व यहां तक कि अधूरा भी रह सकता है। यदि संप्रेषण में सक्षम होना चाहते हैं, तो जो कुछ भी कहा जाए, उसे पूरे आदर-मान से सुनें और फिर प्रत्युत्तर दें। हमें यह सुनने की कोशिश करनी चाहिए कि क्या कहा जा रहा है। यह अनुमान नहीं लगाना चाहिए कि क्या नहीं कहा गया। अच्छे संप्रेषण का सुनहरा नियम यह भी है कि जितना बोलें, उससे दुगना सुनें।

प्रभावी संप्रेषण जीवन की बेहतरी के साधनों में से एक है। कोई भी इसे जन्म से ही साथ नहीं लाता। हम स्वयं ही इसे अपने जीवन में ही विकसित करते हैं।

बोलचाल में सादी भाषा का प्रयोग करें। दूसरे को प्रभावित करने के बजाय, संदेश को प्रकट करना ही आपका उद्‌देश्य होना चाहिए। यदि कुछ समझ न आए, तो उसे दोबारा पूछने में संकोच नहीं करना चाहिए। बोलते समय लोगों के साथ थोड़े धैर्य, दया व सहानुभूति से पेश आने की कोशिश करें। यह प्रभावी संप्रेषण का एक अच्छा तरीका हो सकता है। केवल व्यर्थ की बातचीत नहीं, बल्कि दूसरों से सफलतापूर्वक बातचीत करना ही वास्तविक संप्रेषण है।

●

जीवन में सफल कैसे हों ?

जीवन तथा व्यवसाय में सफलता पाने के लिए अनके मार्गदर्शिकाएं मिलती हैं, किंतु इनमें से कोई भी तब तक कारगर नहीं हो सकती, जब तक हम इन पर अमल न करें। एक बात मैंने भी नोट की है कि जब कोई काम करना हो तो बस करना है और कर देना चाहिए।

मेरे अपने अनुभव कहते हैं कि यदि मैं स्थायी रूप से भी किसी काम को टालता हूं, तो उसमें विलंब हो जाता है, यदि और भी विलंब करूं तो यह विलंब कई गुना हो जाता है। इसके अलावा कई बार हम काम ही भूल जाते हैं या किसी दूसरे जरूरी काम में उलझ कर, उस पर ध्यान ही नहीं दे पाते।

कुछ समय पहले प्रकाशक की ओर से आग्रह आया कि मैं उन्हें अपनी पांडुलिपि की भूमिका दे दूं। उन्होंने मुझसे पुस्तक के शीर्षक के लिए भी सुझाव मांगे थे। यद्यपि मैं एक निकट संबंधी की मृत्यु के कारण शोकग्रस्त था, किंतु मैं फिर भी काम करने बैठ गया। देखते-ही-देखते, मैंने दो घंटे में काम निपटाया, उस पर एक नज़र डाली और उसे ई-मेल कर दिया।

अचानक मुझे अहसास हुआ कि जो काम महत्त्वपूर्ण हो, उसे तत्काल व पूरी सक्षमता से कर देने में ही उपलब्धि का सबसे बड़ा राज़ छिपा है। निरंतरता व उद्देश्य पर कड़ी नजर ही आपकी शानदार सफलता का वाहक बन सकती है। कड़ी मेहनत व लगन के बाद मिली सफलता से सारी क्लांति मिट जाती है।

सफलता की अनेक परिभाषाएं दी गई हैं। उनमें इमर्सन द्वारा दी गई परिभाषा मुझे सबसे ज्यादा पसंद है, कहा है :- सफलता क्या है ? खूब हंसना; बुद्धिमान व्यक्तियों से आदर-मान व बच्चों का स्नेह पाना; ईमानदार आलोचकों से प्रशंसा पाना व झूठे मित्रों के विश्वासघात को सहना; दूसरों में से बेहतर की तलाश; सुंदरता की सराहना, दुनिया को थोड़ा बेहतर बनाने की कोशिश, फिर चाहे वह किसी भी तरह हो, स्वस्थ और सुशिक्षित संतान द्वारा, बगीचे की

संभाल से हो या बिगड़ते सामाजिक हालातों में सुधार से हो; यह जानना कि आपके जीने से एक जीवन बेहतर तरीके से जी पा रहा है; इसे ही सफलता पाना कहते हैं।''

दूसरे मानते हैं कि सफलता का वही पुराना ए बी सी फार्मूला है - एबिलिटी (योग्यता) ब्रेक (ठहरना) व कॅरेज (साहस)। हमें सफलता की मंजिल तक पहुंचने के लिए असफलता से होकर गुजरना होगा। आप अपने जीवन को बदल नहीं सकते, किंतु उसे सफल तो बना ही सकते हैं। आपको बिना किसी शर्त के इसे स्वीकारना होगा व बेहतर बनाना होगा। सफलता के आगे दुनिया झुकती है।

यदि किसी कारणवश आप सफल न हो सकें, तो अपने आस-पास के लोगों के लिए बुरा न कहें, जैसा कि कुछ लोग प्राय: करते हैं। इससे आपका दु:ख बढ़ेगा, किसी समस्या का हल नहीं निकलेगा। आप अपना बेहतर प्रदर्शन कर रहे हैं, केवल यही कहना पर्याप्त नहीं है। आप जो भी पाना चाहते हैं, उसमें सफल होना ही होगा। सफलता के विषय में सबसे मुश्किल बात यह है कि आपको अपनी प्रतिष्ठा बनाए रखने के लिए लगातार मेहनत करनी होगी। जिस तरह आप फसल बोए बिना उसे काट नहीं सकते, उसी तरह आप कड़ी मेहनत के बिना सफल नहीं हो सकते।

यदि आप हर जगह, हर काम में दूसरों को खुश करने में लगे रहेंगे, तो आपकी असफलता निश्चित है। सफलता कोई एक दिन का प्रसंग नहीं है। आपको सफल होने से पूर्व दिनों, महीनों व सालों तक की असफलता के लिए तैयार रहना चाहिए। जो काम करने जरूरी हैं, उन्हें किसी-न-किसी वजह से टालने के बजाय, सबसे पहले निपटाने की आदत डालें।

जरूरी कामों को पसंद करने या न करने की आदत से ही लोग जिंदगी में असफल होते हैं। आपको व्यावसायिक रूप से सक्षम होना चाहिए ताकि आप संगठन के लिए एक मूल्यवान व्यक्ति बन सकें। अपने काम के बेहतर प्रदर्शन के साथ-साथ, सामने आने वाले सुनहरे अवसरों को लेने से भी पीछे न हटें।

प्रयास के बाद भी मिली असफलता को साहस से स्वीकारें। साहसी निर्णयों पर ही सफलता निर्भर करती है।

किसी भी उपलब्धि को पाने के लिए आपको ऊंची छलांग लगानी आनी चाहिए। हो सकता है कि आप दुनिया के सबसे तेज व प्रतिभाशाली

व्यक्ति न हों, किंतु लगातार मेहनत करें, तो सफलता किसी भी कीमत पर आपकी होगी। इस दुनिया में हमारी जीत निरंतर प्रयत्नशीलता पर ही टिकी है। सफलता एक निरंतर चलने वाला अभ्यास है। यदि कोई सफल व्यवसायी किसी बिंदु पर स्वयं को रोक ले, तो इस नई तकनीक व आविष्कारों की दुनिया में पीछे रह जाएगा।

एक समय था, जब कॉर्डलेस फोन अमीरों की थाती थे। वे भी उन्हें केवल घर में ही इस्तेमाल करते थे, जबकि आजकल मोबाइल फोन का चलन है, इन्हें चलते वाहनों, रेलगाड़ियों में या कहीं भी इस्तेमाल करें। अधिकतर व्यवसायी इन्हीं का प्रयोग करते हैं, यद्यपि पुरानी लैंडलाइनें हैं, किंतु नए उपकरणों के प्रयोग को ही लोग प्राथमिकता देते हैं। चाहे सभी हार मान जाएं, किंतु आपको लगातार अपनी सफलता के लिए प्रयत्नशील रहना है और सफलता मिलने तक दृढ़निश्चयता के साथ अपने प्रयासों को नहीं छोड़ना है। यही सफल होने का एकमात्र रहस्य है। ●

जीवन से अधिक-से-अधिक कैसे पाएँ?

किसी भी कार्य में सफलता पाने के लिए कदम उठाने की क्षमता व संप्रेषण के साथ-साथ व्यवस्थित व अनुशासित होना भी जरूरी है। यदि हम वे सब काम भी खुद करना चाहेंगे, जो हम सही तरीके से नहीं कर सकते, तो हो सकता है कि कोई भी संतोषप्रद नतीजा न आए और हम यूं ही उलझ कर रह जाएं। आप दूसरे लोगों को कुछ ऐसे काम सौंप सकते हैं, जिन्हें वे अच्छी तरह कर सकते हैं या अपनी चेकलिस्ट बना कर जांचें कि किसी भी तरह का काम उपेक्षित तो नहीं हो रहा। हर काम स्वयं करने का आग्रह न रखें। आप हर काम अपने हाथ से करके नहीं, बल्कि अपने लक्ष्य तक पहुँच कर सराहना पा सकते हैं। चेकलिस्ट से अपने नहीं, बल्कि दूसरों के काम की भी जांच करें कि उन्होंने आपके दिए गए कामों को सही तरीके से किया है या नहीं।

काम हो या घर, हर जगह चेकलिस्ट बनाने की आदत जीवन को व्यवस्थित कर देगी। आप बेहतर तरीके से काम करेंगे और बेहतर नतीजे पाएंगे। लक्ष्य पाने के लिए जरूरी है कि आप अपने वक्त की कीमत पहचानें। एक भला इंसान बनकर हर आदमी के काम करने के चक्कर में अपने लक्ष्य से न भटकें। 'न' कहने की कला सीखें, किंतु यह सब बड़े विनम्र तरीके से करें। लिखित लक्ष्य भी हमें लक्ष्य तक पहुंचाने में सहायक होते हैं। आप जो भी पाना चाहते हैं, उसके लिए पूरी तरह से स्पष्ट रहें। मैं कार व ऑफिस में डायरी व नोटबुक रखता हूं, बिस्तर के पास भी एक डायरी रहती है, ताकि जब भी दिमाग में कोई विचार आए, मैं उसे लिख सकूं। हम सब किसी-न-किसी प्रेरक बल से आगे बढ़ते हैं, उदास होते हैं या प्रसन्नता अनुभव करते हैं। हीन आत्मछवि हमें नीचे की ओर धकेलती है।

किसी भी विषय पर हमारे नजरिए को चोट पहुंचे, तो हम उदास हो जाते हैं। हमें नियमित समय पर या प्रतिदिन स्वयं से पूछना चाहिए कि हमारे साथ

सबसे अच्छी या बुरी घटना कौन-सी घटी और हमने उससे क्या सबक लिया। जिस भी घटना से प्रतिक्रिया पैदा हो, उस पर ध्यान दें। जीवन की व्यस्तताओं में इतना न उलझें कि अपना उद्देश्य ही भूल जाएं।

परिस्थिति कोई भी हो, उद्देश्य को आंखों से ओझल न होने दें। आधुनिक तकनीक के युग में, प्रत्येक क्षेत्र के विशेषज्ञ उपलब्ध हैं। अपने कुछ कार्यों को बाहर से करवाने में भी कोई हर्ज नहीं है। आपको रोजमर्रा के कामों में समय नष्ट नहीं करना चाहिए। कोई ऐसा व्यक्ति खोजें, जो पैसे लेकर ये काम कर दे।

आप सही रास्ते पर हैं या नहीं, इसे जानने का यह एक अच्छा तरीका होगा कि दो सप्ताह तक लिखें कि आपने अपने जागने के घंटों के दौरान क्या किया। हर तीन-चार घंटे बाद लिखें ताकि सब कुछ आसानी से पता लग सके। फिर उन सभी गतिविधियों को हटा दें, जो लक्ष्य की राह में बाधा बन सकती हैं।

प्रमुख लक्ष्यों पर काम करते समय यह भी ध्यान दें कि कहीं दैनिक लक्ष्य उपेक्षित न हो जाए। प्रतिदिन अपने लिए कुछ वक्त निकालें। आपको अपनी व सेहत की पूरी देखभाल करनी है तथा परिवार के लिए भी वक्त निकालना है। जो भी करें, उसी पर केंद्रित रहें, चाहे वह लोगों से बातचीत हो या कोई मीटिंग। कोई भी व्यक्ति हर चीज़ का जानकार नहीं हो सकता। हम हमेशा दूसरों से कुछ-न-कुछ सीख सकते हैं। ●

सफलता कैसे तलाशें?

हम क्या कहते हैं और कैसे कहते हैं; इसी आधार पर सामने वाला व्यक्ति, पहले बीस सैकेंड में ही हमारी पहली छाप या इंप्रेशन बना लेता है। आपको दूसरों पर अपने प्रभाव के विषय में खरे मापदण्ड पर उतरना सीखना होगा। आपका आचार, व्यवहार व वार्तालाप ऐसा हो कि दूसरों से पहले, आप स्वयं प्रभावित हो जाएं। दूसरों पर अपने मन में अच्छा हो कि यदि किसी को काम के लिए चुनना पड़ता तो आप स्वयं को चुनते।

तेजी से बदलती वर्तमान दुनिया में प्रदर्शन, कौशल, व अंतः संबंधों की श्रेष्ठता ही सफल व्यक्तियों की पहचान है।

मध्यस्थ जीवन के किसी भी क्षेत्र में अपनी पहचान नहीं बना पाते। यदि हम मर्यादित, सभ्य व शिष्ट हैं, तो सफलता और भी मीठी होगी। निंदा, शिकायत व आलोचना से दूसरों की ओर से भी वही प्रतिक्रिया आती है। आपको स्वयं अपना एक विशिष्ट ब्रांड स्थापित करना होगा अन्यथा आपके विलुप्त होने का भय उत्पन्न हो जाएगा।

आकर्षण का नियम कहता है - चाह को चाह आकर्षित करती है। दूसरे शब्दों में, आप जो सोचते हैं, जो महसूस करते हैं, जो शब्द बोलते हैं या जो कदम उठाते हैं, उनकी अपनी ही ऊर्जा होती है, जो अपनी जैसी ऊर्जाओं को ही अपनी ओर आकर्षित करती है।

अवसादग्रस्त, निराशाजनक व कुंठाग्रस्त बल, नकारात्मक ऊर्जाओं को आकर्षित करते हैं। सकारात्मक ऊर्जाएं, सकारात्मक शक्तियों को आमंत्रित करती हैं। यह हम पर ही निर्भर करता है कि हम अपनी पसंद-नापसंद को अपने मन व जीवन की तकनीक में कैसे नियोजित करते हैं। हमें उन भावनाओं व विचारों को त्यागना होगा, जो हमारी शक्ति व ऊर्जा सोख लेते हैं। आशावादी रवैये के बल पर जीवन को जीने के नए तरीके अपनाने से सफलता पास आते देर नहीं लगती। नकारात्मक ढांचे के साथ जीने का अर्थ वैसा ही होगा, मानो

आप बंधे पैरों से 100 मीटर की रेस दौड़ने व ओलंपिक में मैडल पाने का सपना देख रहे हों। आपको सोचने, महसूस करने व दूसरों से पेश आने के उदास व निराश होने वाले रवैये छोड़ने होंगे। हमें अपने शब्दों के चयन में भी पूरी सावधानी बरतनी चाहिए। एक बार किसी से कोई वादा कर लें, तो उसे पूरा न करना अनैतिकता व बेईमानी कहलाएगी।

हमें अनावश्यक को पहचानने व उन्हें जीवन से दूर हटाने की योग्यता को निरंतर विकसित करना होगा, ताकि अहम बातों पर केंद्रित हुआ जा सके। गंभीर व सयाने व्यक्ति जीवन में अनावश्यक बातों व घटनाओं को स्थान नहीं देते। आपको राह में आने वाली किसी भी असफलता के लिए पहले से तैयार रहना होगा। जब तक किसी व्यक्ति की मानसिकता निर्धन नहीं है, वह निर्धन नहीं हो सकता। भविष्य कोई मंजिल नहीं, जहां हमें पहुंचना है। यह तो उन गतिविधियों का फल है, जिन्हें हम अभी कर रहे हैं।

जीवन में एक बात तो निश्चित है कि हमारे भाव, मूड व भावनाएं सदा एक से नहीं रहते। हमारा प्रयास यही हो कि बाधा देने वाली मानसिक तरंगों से मुक्ति पा सकें। हमें निरंतर व हमेशा, मन में एक प्रेरक छवि बनाए रखनी होगी, तभी हम अपने जीवन व मन से नकारात्मकता को विदा दे सकते हैं। इसे भूल जाना भी एक बड़ी खूबी है। इसी के बल पर हम पिछली असफलताओं व बीती घटनाओं तथा व्यक्तियों को पीछे छोड़ सकते हैं।

केवल हम ही एक प्रसन्नतापूर्ण जीवन बना सकते हैं और यह हममें से प्रत्येक पर निर्भर करता है। इसके लिए बाजार में या किसी डिपार्टमेंटल स्टोर की शेल्फ पर बनी-बनाई रेसिपी नहीं मिलती। आप इसे किसी से नकल भी नहीं कर सकते। यह याद रखें कि जीवन में प्रत्येक व्यक्ति दूसरों की नजरों में महत्त्वपूर्ण कहलवाना चाहता है। चाहे वह इसे शब्दों से प्रकट न करे, किंतु उसके शारीरिक हाव-भाव से यह स्पष्ट हो ही जाता है। हम सभी अपने हाव-भाव से हमेशा जताते हैं - 'मैं, बहुत खास हूं और मुझे हमेशा इसका अहसास दिलाया जाना चाहिए।' प्रत्येक व्यक्ति में कुछ-न-कुछ खूबी जरूर होती है। इसे उभारने के लिए किसी तरह की चापलूसी या प्रशंसा की आवश्यकता नहीं होती। यह दूसरों को तो प्रसन्न करती ही है, साथ ही व्यक्ति के लिए भी काफी लाभदायक होती है।

●

जीवन में श्रेष्ठ प्रदर्शन कैसे करें?

नीचे से लेकर ऊपर तक, गरीब से लेकर अमीर तक, जिस व्यक्ति ने अपने जीवन के किसी भी हिस्से में महत्त्वपूर्ण योगदान दिया हो, वह खास कहलाना चाहता है, लेकिन समस्या तब आती है, जब लोग काम करने के बजाय उसकी मानसिक या शारीरिक तैयारी में ही इतना समय नष्ट कर देते हैं। जब भी हमें जहाज या गाड़ी से सफर करना हो, तो हम सही वक्त पर सारा सामान बांध लेते हैं, टिकट व पैसे रखते हैं और सही वक्त पर रेलवे स्टेशन या एयरपोर्ट पहुंच जाते हैं चाहे हमारा मूड हो, न हो। चाहे हमें नींद आ रही हो या आलस हो रहा हो।

जीवन का सुनिश्चित लक्ष्य पाने के लिए भी हमें यही पहल करनी होगी। बस जो भी करना हो , उसे शुरू कर दें। आप लक्ष्य के लिए काम करने की उचित परिस्थितियों की प्रतीक्षा ही करते रहे तो हो सकता है कि आपको आजीवन प्रतीक्षा करनी पड़े। यह भी हो सकता है कि वे परिस्थितियां कभी आएं ही न।

भविष्य कोई ऐसा स्थान या मंजिल नहीं है, जहां हमें पहुंचना है। यह तो कुछ ऐसा है, जिसे हमने गढ़ा है और अभी गढ़ना है। यदि हमारे लक्ष्यों व उद्देश्यों तक कोई रास्ता नहीं जाता, तो हमें वह रास्ता बनाना होगा। यह गतिविधि हमारा जीवन बदल देगी। यह हमें हमारी चाह तक ले जाएगी। साथ ही हमें अपनी किसी भी गतिविधि को उपलब्धि के साथ उलझाना नहीं चाहिए। ये दोनों एक-दूसरे को आगे बढ़ाती हैं। साथ ही यह भी एक लक्ष्य है कि हमारी इच्छा व शब्द ही योजनाओं व लक्ष्यों तक जाने का शक्तिशाली माध्यम है। हम हमेशा विश्वासपूर्वक यह नहीं कह सकते कि हमारे काम या गतिविधि से 100 प्रतिशत नतीजे प्राप्त होंगे ही। बुनियादी बात यह है कि सफलता पाने के लिए, जो कार्य भी शुरू करें, उसके अंत तक अवश्य जाएं।

हमें जीवन के प्रत्येक कदम पर एक मौका अवश्य लेना चाहिए। अन्यथा हम ज्यादा दूर नहीं जा सकेंगे। कुछ समय पहले, मुझे किसी जरूरी काम से सहारनपुर जाना था। पता चला कि सीट रिजर्व नहीं थी, पर मैं चांस लेने को तैयार था। मुझे ए.सी. फर्स्ट क्लास में एक सीट खाली मिल भी गई। यदि मैं चांस न लेता तो शायद वहां न जा पाता। हम किसी एक उपलब्धि से सफल नहीं होते। यह सिर्फ एक बार की कहानी नहीं है।

हमें सफलता को अपने रोज़मर्रा के कामों से जोड़ना चाहिए। सफलता एक रवैया या एक तरीका है यह जानने का कि आपका दूसरों से या अपनी प्राथमिकताओं से कैसा रखते है? खास बात यह भी है कि आप अपना वक्त कैसे बिताते हैं।

सफलता चलकर आप तक नहीं आएगी। आपको आगे बढ़कर उसे पाना है। हम कोई भी काम कैसे करते हैं, उसकी छोटी-से-छोटी बारीकी, सफलता के स्तर व उसे पाने की योग्यता को प्रभावित करती है।

आप छोटी-छोटी बातों को कैसे निपटाते हैं या उन पर प्रतिक्रिया या व्यवहार करते हैं, बड़ी बातों के नतीजों पर उसका जबरदस्त प्रभाव पड़ता है। सभी बड़ी बातें व वस्तुएं, छोटी बातों व वस्तुओं के मेल से ही तो बनती हैं। चलते समय जूते में यदि छोटा-सा कंकड़ या पत्थर चुभ जाए तो चलना मुश्किल कर देता है।

हमें छोटी-से-छोटी वस्तु को कम महत्त्वपूर्ण या बेकार समझकर नजरअंदाज नहीं करना चाहिए। लक्ष्य तक पहुंचने के लिए छोटे-से-छोटा कदम भी मायने रखता है। जिम्मेवारी, मेहनत और परिश्रम के पसीने के बिना सफलता पाना असंभव है। सफलता व उपलब्धि के लिए हर अवसर का भरपूर लाभ उठाएं। लक्ष्य आप तक चल कर नहीं आएगा। आपको उस तक पहुँचने के लिए कदम बढ़ाने हैं। हर रोज की छोटी-छोटी प्रगति, एक महीने, छः महीने व साल में बड़ी प्रगति बन जाएगी।

मैंने प्रतिदिन कम-से-कम पांच सौ शब्द लिखने का नियम बना रखा है। साल के अंत तक, एक पुस्तक प्रकाशित होने लायक सामग्री तैयार हो जाती है।

कुल समय के सम्मिलत प्रयासों से ही कोई बड़ी उपलब्धि सामने आती है। जब कहते हैं कि 'रोम एक दिन में नहीं बना था' तो इसका अर्थ होता है कि आप एक निश्चित समय में ही कला तथा वास्तु के चमत्कार खड़े कर

सकते हैं। व्यावसायिक जगत बड़ी चतुराई से अपने बैलेंस शीट व आय की तुलना पिछले वर्ष के बैलेंस शीट से करने के साथ-साथ, निश्चित समय अवधि का भी तुलनात्मक अध्ययन करता है। चार तिमाहियों से साल बन जाता है और कंपनियां साल के अंत तक वारे-न्यारे कर देती हैं।

जीवन का प्रत्येक मिनट मायने रखता है। दस से पंद्रह मिनट में किए जाने वाले कामों को मैं झटपट निबटा लेता हूं; जैसे किसी फोन का जवाब देना, किसी लेख पर नज़र दौड़ाना, अखबार पढ़ना, अगली पुस्तक के लिए सौ शब्द लिखना, काम करने की जगह साफ-सुथरी करना, कंप्यूटर से जंक मेल हटाना या कुछ नए विचार नोट कर लेना।

हमारी जिंदगी का हर एक पल हमें हमारे वांछित लक्ष्य तक ले जा सकता है। आपको स्वयं को समय के सही व उद्देश्यपूर्ण इस्तेमाल के लिए प्रोग्राम करना होगा। हकीकत में, मैं अगर एक मिनट भी बरबाद करता हूं, तो मुझे बेचैनी होने लगती है। आप हमेशा ऐसा कोई काम तलाश सकते हैं, जिसे दो, पांच या दस मिनट में निबटा सकते हैं। हो सकता है कि हम सभी काम न कर सकें, लेकिन कुछ तो कर ही सकते हैं। यह हम पर निर्भर करता है कि किस तरह हर पल में कोई-न-कोई सार्थक काम हो सकता है।

इस उद्‍देश्य की पूर्ति के लिए हमें पल-प्रतिपल, दिन-प्रतिदिन की वचनबद्धता चाहिए। ●

स्वयं को उसी रूप में कैसे स्वीकारें, जैसे आप हैं?

दूसरे आपसे कैसे पेश आते हैं, यह इस पर निर्भर करता है कि आप उनसे कैसे पेश आते हैं। इससे भी अधिक, जीवन में आप जिस तरह से दूसरों से और जितनी उपेक्षा रखते हैं, वे आपसे उसी तरह पेश आते हैं। कई लोग छोटी-छोटी बातों पर परेशान व तनावग्रस्त हो जाते हैं। यदि सचमुच आप अपनी एक पहचान बनाना चाहते हैं, तो छोटी बातों को छोटे रूप में तथा महत्त्वपूर्ण बातों को खास रूप में लेने की अहमियत जानें। हमें दूसरों की उपस्थिति स्थान व समय से जुड़ी मांग तथा विवशता को मान देना चाहिए।

किसी भी दशा या परिस्थिति में, हम पहले ही दूसरे से अपेक्षा कर लेते हैं कि उसे हमें कैसी प्रतिक्रिया देनी चाहिए, इससे हमारी तकलीफ बढ़ जाती है। एक बात तो साफ है कि इस दुनिया में अधिक संख्या स्वार्थी लोगों की है तथा सभी लोग ऐसे कार्यों में व्यस्त हैं, जो उनके लिए जरूरी या फायदेमंद हो सकते हैं। आप या आपकी समस्या, उनकी प्राथमिकता कैसे हो सकते हैं?

वैसे शिष्टता की भी एक अपनी ही शान है। इससे न तो देने वाले का कुछ जाता है और न ही पाने वाले का, किंतु दोनों पक्ष प्रसन्न हो जाते हैं। यदि आप चाहते हैं कि दूसरा भी आपसे शिष्टता से पेश आए, तो आपको भी उसके साथ वैसा ही शिष्ट व्यवहार करना होगा।

हमें अपने अतीत को भुलाकर, भविष्य में आने वाली परेशानियों से पहले से ही घबराने की प्रवृत्ति छोड़नी होगी। हम सभी समय के साथ-साथ बदलते हैं, वृद्धि करते हैं तथा विकसित होते हैं। हम अलग-अलग मनुष्यों व मुद्दों पर अपनी राय भी कायम करते हैं। आपको अपने विचारों, भावों व भावनाओं के प्रति सजग रहते हुए, यह भी ध्यान देना चाहिए कि आप किस चीज़ से सबसे ज्यादा प्रेरित व प्रोत्साहित होते हैं। यदि अतीत में आपके साथ कुछ बुरा

घट चुका है, तो उसका बोझ अपने मन से उतार देने में ही भलाई है।

कई लोग ऐसे भी होते हैं, जो कहीं भी, कभी भी आपको अपमानित करने का मौका नहीं छोड़ते। यह हम सबके साथ होता है। यहां तक कि मैंने भी इसका सामना किया है, लेकिन बदलते वक्त के साथ मैं इतना परिपक्व हो चुका हूं कि अनासक्त भाव से अपनी या दूसरे की गलती पहचान सकता हूं।

इसके साथ-साथ जरूरी है कि आप अपने प्रति भी पूरी तरह ईमानदार हों। अपने आपको सबसे अलग न मानें। हम सभी में खूबियां और खामियां होती हैं। हममें से कोई भी संपूर्ण नहीं है।

यदि ऐसी दशा हो तो अपनी खूबियों या गुणों के बल पर मिली उपलब्धियाँ याद करते हुए स्वयं को प्रोत्साहित करें। इससे न केवल आपके आत्मविश्वास में वृद्धि होगी, बल्कि आप जीवन की सकारात्मकता को प्रोत्साहित करते हुए नकारात्मकता को अलविदा कह पाएंगे।

हम सबमें दूसरों के मुकाबले कोई-न-कोई खूबी जरूर होती है और उस क्षेत्र में हमारी क्षमता असीमित होती है। जिसके बल पर हम वह बन सकते हैं, जो कि हम बनना चाहते हैं। हमारे पास घटनाओं व समस्याओं को देखने का एक दृष्टिकोण होना चाहिए, उन्हें अनावश्यक रूप से बड़ा करने से कोई लाभ नहीं होगा।

हमें राह में आने वाली मुश्किलों पर एकाग्र होने के बजाय समस्या के समाधान पर केंद्रित होना चाहिए। कुछ लोग गैर जरूरी बातों व घटनाओं पर क्रोधित या भावुक हो उठते हैं या तनावग्रस्त हो कर अनाप-शनाप कहने लगते हैं। ऐसा इसलिए है कि वे समस्याओं या परिस्थितियों से बहुत जल्दी विचलित हो जाते हैं। हमें स्वयं को ऐसी स्थिति का शिकार होने से बचाना चाहिए। किसी समस्या का सामना करने पर ही उसका समाधान संभव है। आपको प्रेरणा व प्रोत्साहन का दामन थामे रखना होगा, लेकिन किन चीजों के लिए, यह आपको तय करना है। आपके पास लक्ष्य तक पहुंचने के जबरदस्त कारण होने चाहिए, लेकिन लक्ष्य क्या होंगे, यह आपको तय करना है। लक्ष्यों के अभाव में प्रोत्साहन का अर्थ नहीं।

लक्ष्यों तक पहुंचने की प्रेरणा के अभाव में आगे बढ़ना मुश्किल होता है। अतः लक्ष्य व प्रोत्साहन दोनों ही साथ-साथ चलते हैं।

हमेशा विजेता बनने का प्रयास करें। यदि प्रयास असफल भी होते हैं, तो उन्हें सफलता की राह में आने वाली अस्थायी बाधा ही मानें। हमेशा सफलता

केंद्रित या सफल लोगों को निहारें। अपनी बात को सकारात्मक रुख दें। दूसरों ने कैसे सफलता पाई, उनसे सीखने का प्रयास करें। यदि कोई लक्ष्य पाने में सफलता न भी मिले, तो भी निरीक्षण करते रहें कि आप पीछे क्या छोड़ आए, इस पर ध्यान दें कि क्या गंवा दिया।

ईश्वर की ओर से प्राप्त आशीर्वाद व वरदान का आभार मानें। हमेशा शिकवे-शिकायतों का रोना न रोएं। हमें याद रखना चाहिए कि भाग्य का चक्र सबके लिए घूमता है, किंतु उद्यमी अपने भाग्य को बदल सकता है। किस्मत जिंदगी में एक बार सबका दरवाजा जरूर खटखटाती है, लेकिन लोग अपनी परेशानियों में इतने व्यस्त होते हैं कि किस्मत की आहट तक नहीं सुन पाते। हमें याद रखना चाहिए कि कांटों के बिना गुलाब नहीं होते। हमें अपनी समस्याओं को इसी रूप में लेना चाहिए मानो अवसर कांटों के साथ आए हों।

●

श्रेष्ठ पाना है तो श्रेष्ठ प्रदर्शन कैसे दें?

सफलता, दूसरों के प्रति आपके रवैये, तालमेल, सबंधों व पहुंच से काफी हद तक जुड़ी है। कई बार हम अपनी गतिविधियों को गलत तरीके से पेश करते हैं, सफलता इससे भी प्रभावित होती है। आप हर काम या बात में पहले अपना फायदा देखते हैं, यह आपके लिए वरदान भी है और एक तरह से अभिशाप भी। व्यावसायिक जगत के सभी लोग प्रायः यही मानसिकता रखते हैं। यह हमारे स्वभाव व प्रकृति का एक अंग बन गया है। हमारे सोचने का तरीका, हमारा रवैया; प्रायः ऐसा बन चुका है कि हम उन संबंधों, लोगों व अवसरों को नकार देते हैं, जिनमें हमें फायदा दिखाई नहीं देता।

मैंने ऐसे कई लोगों को देखा है, जो केवल उन्हीं लोगों से संबंध रखते हैं, जो उनके लिए आज या आने वाले कल में फायदेमंद हो सकते हैं। बाकी लोगों का तो जैसे उनके लिए कोई अस्तित्व ही नहीं होता। दूसरे शब्दों में, वे अपने अभिवादन के निवेश की भी वापसी चाहते हैं।

एक बार किसी व्यवसायी मित्र ने मुझे बताया था कि व्यवसाय जगत हमेशा किसी सौदे के लाभ-हानि पर पहले विचार करता है, वे सही कह रहे थे। सरकारी सेवा से निवृत्त एक सहकर्मी ने मुझे बताया कि उनके एक व्यावसायिक मित्र ने उनकी रिटायरमेंट के बाद उनसे मिलना या फोन करना छोड़ दिया। यहां तक कि वह फोन का जवाब तक नहीं देता। मैंने उन्हें समझाया कि उन्हें अपने स्वाभिमान के बारे में सोचना चाहिए।

आपने जितना पहले से तय किया है, आप उससे ज्यादा कभी नहीं पा सकते। हमें हमेशा दूसरों की अपेक्षाओं से बचे रहना चाहिए। अपने जीवन का उत्तरदायित्व स्वयं लेने की इच्छा ही स्वाभिमान की ओर पहला कदम है। इसी स्त्रोत से आपका स्वाभिमान उपजता है।

यद्यपि यह भी तय है कि हम सभी, हमेशा एक जैसा नजरिया नहीं रख सकते। हमें इस बदलती दुनिया व लोगों के साथ पेश आते समय लचीला रवैया अपनाना चाहिए। केवल नई जानकारी या ज्ञान के बल पर ही ये गुण या समायोजन हाथ नहीं आता। यह मानसिक व भावात्मक संतुलन की उपज है। हमें निश्चित परिणामों का मोह त्याग कर, उचित दृष्टिकोण से अपनी व दूसरों की देख-रेख का जिम्मा लेना पड़ता है। लचीले रवैये (यदि सिद्धांतों से समझौता न हो) आपको नई ऊंचाईयों तक ले जा सकते हैं। आप दूसरों को व जीवन को जो भी देंगे, बदले में वही पाएंगे। अगर आपके रास्ते में कोई दीवार आती है और आप दूसरी तरफ जाना चाहते हैं, तो उसे लांघने के विभिन्न विकल्पों पर विचार करना होगाः आप बाईं या दांईं ओर से जा सकते हैं, इसमें से रास्ता निकाल सकते हैं या कोई नई राह तलाश सकते हैं।

हमारे साथ सबसे बड़ी समस्या यही है कि हम सभी परेशानियों का एक ही हल चाहते हैं। हम विकल्पों पर ध्यान ही नहीं देते। हमें उपलब्धियों की ओर कदम बढ़ाते हुए, दूसरों से की जाने वाली अपेक्षा को सीमित रखना चाहिए।

हमें जांचना होगा कि कोई परिस्थिति व्यक्तिगत या व्यावसायिक रूप से कैसे लाभदायक हो सकती है। हमें इस वास्तविकता का अहसास होना चाहिए कि हम केवल अपने व्यवहार व गतिविधियों को ही नियंत्रित कर सकते हैं। हमें राह में आने वाले अवसरों को लाभों में बदलना होगा।

मानसिक, शारीरिक व भावात्मक रूप से पूरी तरह फिट रहना भी जरूरी है। शरीर में रोग का अभाव ही स्वास्थ्य नहीं कहलाता। यदि हम पूरी तरह से स्वस्थ नहीं होंगे, तो अपने क्षेत्र की विशेषज्ञता तो दूर रही, ठीक से भोजन तक नहीं कर पाएंगे, भरपूर नींद नहीं ले पाएंगे।

आपको किसी बाहरी व्यक्ति से यह सुनने की जरूरत नहीं कि आप ठीक नहीं है। शरीर स्वयं आपको संकेत देगा कि वह स्वस्थ नहीं है। यदि हम जीवन की गुणवत्ता में सुधार चाहते हैं, तो हमें पूरी देख-रेख के साथ जीवन के शारीरिक, भावात्मक, व्यावसायिक, बौद्धिक, सामाजिक व पर्यावरणीय पहलुओं में संतुलन साधना होगा। इसी तरीके से हम पर्याप्त ऊर्जा पा सकते हैं। इन सभी क्षेत्रों का पूर्ण स्वास्थ्य ही हमारे भविष्य तथा भाग्य की कुंजी है। हममें से प्रत्येक यह कार्य कर सकता है, हमारा यह कार्य कोई दूसरा नहीं कर सकता।

रोग या कष्ट हमारे जीवन में रुकावट, मंदी व अवसाद का कारण बन सकते हैं। जब तक हम जीवित हैं, स्वास्थ्य हमारी सबसे बड़ी पूंजी है। पैसा कमाना हो या ज्यादा मेहनत करनी हो, इनके लिए सेहत और ओज चाहिए। रोगी अवस्था में हम अपनी क्षमता का भरपूर इस्तेमाल नहीं कर सकते। सेहत अच्छी होगी तो हम प्रसन्न व उमंग से भरपूर होंगे। जिन दिनों मैं बुखार या खांसी से पीड़ित होता हूं, तो मुझे कुछ भी अच्छा नहीं लगता। रोग के दौरान मेरी प्रसन्नता व शांति जाने कहां चले जाते हैं? काम पर एकाग्र होने के बजाय रोग के बारे में ही सोचता रहता हूं। हममें से तकरीबन लोग अपनी सेहत से खिलवाड़ करते हैं, जब यह बुरी तरह प्रभावित हो जाती है, तो हमारी आंखें खुलती हैं। जब हम शारीरिक रूप से फिट होंगे, तभी एक संतुष्टिदायक जीवन जी पाएंगे।

विभिन्न व्यक्ति फिटनेस के बारे में भिन्न-भिन्न मत रखते हैं। मेरी पत्नी योगा के लिए जाती है, जबकि मैं सैर और कसरत पर ध्यान देता हूं। शारीरिक रूप से फिट होने का अर्थ यह नहीं कि आप सख्त व कठोर दिनचर्या बना लें। यह आपकी आयु व जीवनशैली पर निर्भर करता है। शारीरिक रूप से फिट रहना है, तो प्रयत्न करने होंगे, लेकिन स्वयं को पूरी तरह से स्वस्थ पाना चाहते हैं, तो पल-प्रतिपल सजग रहें। बुरी सेहत मतलब जीवन की खराब गुणवत्ता। किसी भी कार्य को पूरी योग्यता व क्षमता से करना चाहते हैं, तो हमें बिना किसी थकान के पूरे जोश से काम करना होगा, किंतु खराब सेहत के चलते यह संभव नहीं हो सकता। फिटनेस किसी बोतल में तैयार नहीं मिलती। इसे कमाना पड़ता है। बीमार होने के बाद इसकी अहमियत का अहसास होने का इंतजार न करें। इसके अभाव में आप अपने जीवन या चुने गए क्षेत्र में सफलता का स्वाद नहीं चख सकते।

●

अपने कार्य के प्रति वचनबद्ध कैसे हों?

चाहे आप अपने लिए कार्य करें या किसी संगठन के लिए, इस दुनिया में कागजी कारवाई होना अनिवार्य है। प्रभावी कार्य के लिए सही समय पर सटीक रिकार्ड रखना बहुत मायने रखता है। हर कार्य में आपको इस बात का लेखा-जोखा रखना ही पड़ता है कि आपकी आय के स्रोत क्या हैं या अपने बजट को कैसे संतुलित करते हैं।

जब तक आप पेपर वर्क नहीं करते, कोई भी काम पूरा नहीं होता। इसके साथ साथ हमें अपने समय व कार्य को भी संतुलित करना होता है। यद्यपि कागजी कार्यवाही अनिवार्य है, लेकिन हम सफल लोगों द्वारा समस्या समाध ान के तरीके अपनाकर भी कार्य में प्रभावोत्पादकता ला सकते हैं। हमें गलतियां करने के बजाय, दूसरों से लगातार सीखते रहना चाहिए।

किसी भी दशा में भूलों को भी सफलता की राह का एक हिस्सा ही मानें। जीवन अच्छी बातों का खजाना है, जैसे हमारी अच्छी सेहत या सही तरीके से काम करने की क्षमता। आज हम जहां भी हैं, वह हमारे विश्वास तथा सोच का ही नतीजा है। यह हम पर ही निर्भर करता है कि लोगों के बनाए रास्ते पर चलें या अपनी नई राह बनाएं।

यदि कदम आगे नहीं बढ़ाया, तो वहीं खड़े रह जाएंगे। कार्य जो भी हो, उसे पूर्णता तक अवश्य ले जाएं। हम चाहें, न चाहें; कर्म करने पर ही नतीजे सामने आते हैं।

अधिकतर लोग जीवन में बहुत कुछ चाहते हैं, किंतु केवल चाहना ही पर्याप्त नहीं होता। यदि आप कुछ दिल से चाहते हैं, तो उसे पाने के लिए पूरी मेहनत व लगन से काम करना होगा। यही जीवन में कुछ पाने का एकमात्र तरीका है। किसी भी कार्य की श्रेष्ठता चाहती है कि आप सच्चे दिल से मेहनत करें। मुश्किल यही है कि हम कोई भी प्रयास किए बिना सब कुछ पाने की उम्मीद रखते हैं, जो कि कभी पूरा नहीं हो पाता।

मेरे एक सहकर्मी भारतीय प्रशासनिक सेवा से सेवानिवृत्त हैं, वे लेखक बनना चाहते थे। उन्होंने मुझसे पूछा कि देश के नामी लेखकों की गिनती में शुमार होने के लिए उन्हें क्या करना चाहिए। मैंने उन्हें कहा कि उन्हें कम-से-कम कंप्यूटर विशेषज्ञ व स्टेनोग्राफर का स्टाफ रखना होगा, ताकि वे उसे डिक्टेशन दे सकें। उन्होंने कहा कि उनके पास समय नहीं है। वे कोई ऐसा चाहते थे, जो उनके लिए लिख सके। वे केवल अपने हस्ताक्षर देना चाहते थे, जैसे कि वे नौकरी के दौरान करते थे। मैंने उनसे कहा कि अगर एक क्लर्क या स्टेनोग्राफर राष्ट्रीय समाचार पत्रों के लिए लिखने की क्षमता रखता, तो वह इतने नीचे पद पर कार्य न करता। यह तो कुछ ऐसा ही था कि कोई व्यक्ति ईंट बनाने की कला जाने बिना ही, केवल गीली मिट्टी से ईंटे तैयार करने की उम्मीद रखे। जिस आदमी ने सारी जिंदगी टाइप करते हुए बिताई हो, वह कुछ ही दिन में सफल लेखक बन जाएगा, बात किसी करिश्मे से कम नही लगती। स्पष्ट है कि मेरे सहकर्मी सच्चे दिल से लेखक नहीं बनना चाहते थे। यदि कुछ पाना है, तो उसके लिए सच्ची लौ लगानी होगी। जो काम एक बार में अच्छी तरह नहीं हो सकते, उनके लिए ज्यादा समय नष्ट न करें।

हो सकता है कि, अपने लक्ष्य तक पहुंचने में समय लगे, लेकिन निरंतर प्रयास करते रहे, तो वहां तक पहुंच ही जाएंगे। प्रगति चाहे धीमी हो, किंतु लक्ष्य अवश्य पाएंगे। याद रहे, जीवन में कोई एक समस्या हल कर लेना ही काफी नहीं होता। जीवन में एक के बाद एक मुश्किलें आती ही रहती हैं। आपको विश्वसनीयता को प्रतिष्ठित करना है। यदि किसी को कोई वचन दें, तो उसे अवश्य निभाएं।

मुझे देश के विभिन्न हिस्सों से कार्यक्रमों के निमंत्रण मिलते हैं। मैं सभी निमंत्रण लिखित में भेजने का आग्रह करता हूं, ताकि किसी भी कार्यक्रम में जाने की हामी भरने से पहले अपनी दिनचर्या देख लूं। एक बार जाने की हामी भरने के बाद, जाने का कार्यक्रम नहीं टालता। पहले-पहल किसी साथी के आग्रह पर मैंने कहीं जाने की हामी तो भर दी, किंतु बाद में पता चला कि उस दिन तो मुझे किसी दूसरे कार्यक्रम में भी जाना था इसलिए मुझे दूसरे कार्यक्रम के लिए क्षमा मांगनी पड़ी।

नीतिशास्त्र भी यही कहता है कि हमें प्रत्येक वचन को आदर-मान देना चाहिए। अपनी प्रतिष्ठा बनाए रखने के लिए निरंतर ध्यान दें कि आप अपने सारे वादे निभा रहे हैं या नहीं। सहज व मुक्त भाव से संप्रेषण की आदत

अपनाएं। पारदर्शी संप्रेषण का अभाव किसी भी व्यक्ति या संगठन के लिए विनाशकारी हो सकता है। आपको अपने व संगठन के हित में, सदा पैनी नज़र रखनी होगी।

आपको अपने सपनों व लक्ष्यों को साकार करना है, तो आपको अपने प्रति सच्चाई बरतनी होगी। यदि आज आप ऐसा नहीं करते तो इसे कल सबके सामने प्रकट होते देर नहीं लगेगी। ●

ऊर्जा का उच्च स्तर कैसे पाएं?

जब आपको विविध क्षेत्र के लोगों से मेल-मुलाकात करनी पड़े, तो आपकी ऊर्जा का स्तर ऊंचा होना चाहिए। आपको उन्हीं बातों पर अपनी ऊर्जा का व्यय करना चाहिए, जो आपके लिए बहुत महत्त्व रखती हैं। व्यक्ति को नई खोजों व आविष्कारों के विषय में भी पूरी जानकारी होनी चाहिए...वीडियो कांफ्रेंसिंग से आप लंबी यात्रा का तनाव घटा सकते हैं, लेकिन कई बार यात्रा के अपने ही सराहनीय बिंदु होते हैं, जैसे नई जगह या स्थानों की तलाश या रेलगाड़ी व विमान यात्रा के दौरान पढ़ना।

यदि आप शाकाहारी या मांसाहारी जैसी किसी खास श्रेणी में अपने आपको नहीं रखते, तो यात्रा के दौरान किसी एक तरह के व्यंजन ही न खाएं।

अपने दिन का आरंभ व अंत प्रार्थना से करना भी एक बेहतर उपाय है। मैं प्रतिदिन ग्रंथ साहिब के अतिरिक्त ईसाई, जैन, बौद्ध या इस्लाम धर्मग्रन्थ व गीता आदि पढ़ता हूं। रात को सोने से पहले व सुबह उठते ही थोड़ा सकारात्मक व आभार युक्त पठन-पाठन जरूरी है। कुछ लोग ध्यान भी करते हैं। ऐसी कोई भी गतिविधि जो आपको अधिक प्रभावी व बेहतर व्यक्ति बनने के लिए प्रोत्साहित करे, उसका अवश्य स्वागत होना चाहिए। आपको अपने कार्य को सबसे बेहतर सेवा देनी है। हमेशा सकारात्मक रूप से सोचने की कोशिश करें, इससे आप अपने व दुनिया के विषय में बेहतर महसूस कर पाएंगे। सकारात्मक होने से आप उन लोगों को भी सकारात्मक ऊर्जा दे पांएगे, जो आपसे द्वेष रखते हैं। प्रतिदिन किसी एक व्यक्ति के चेहरे पर मुस्कान या खुशी लाने का संकल्प लें।

अपनी सारी ऊर्जा, अपना मनचाहा लक्ष्य पाने पर केंद्रित कर दें। यह एक संतुष्टिदायक अनुभव होगा। आपको स्वस्थ रहना है क्योंकि स्वस्थ शरीर ही एकमात्र पूंजी है। स्वस्थ शरीर ही लंबे समय तक बिना थके काम कर पाएगा।

इससे आप स्वयं को आत्मविश्वास से भरपूर पाएंगे तथा आपमें बेहतरी के लिए बदलाव आएगा।

जीवन में व्यायाम को शामिल कर स्वस्थ रहने की आदत विकसित करें। मुझसे मिलने अक्सर लोग आते ही रहते हैं, यदि वे मेरी सैर के समय आते हैं, तो मैं उनसे कहता हूं कि वे मेरे साथ सैर पर चलें और रास्ते में बात कर लें। लोग झटपट बात निपटा कर चले जाते हैं अन्यथा वे उसी बात के लिए घंटों बर्बाद कर देते। इसके अलावा मुझे कई समारोहों व व्यायाम के दौरान भी लोग मिलते हैं, वे मुझसे मिलने का समय मांगते हैं। मैं उनसे साफ 'न' कहने के बजाय वहीं पूछ लेता हूँ कि वे किस विषय में मेरी सलाह या मार्गदर्शन चाहते हैं। इस तरह उनकी समस्या भी वहीं हल हो जाती है और मेरा कीमती वक्त भी बरबाद नहीं होता।

दोस्ताना स्वभाव बनाए रखें, आपका मन हमेशा तरोताज़ा रहेगा। खुद को रिलैक्स करने के लिए जो भी अच्छा लगे, वही करें, पार्टी में जाएं, किताबें पढ़ें, ध्यान करें या फिल्में देखें। इस तरह आप स्वयं को तरोताजा व ऊर्जान्वित पाएँगे।

ऑफिस, सामाजिक व व्यक्तिगत; हमें हर मोर्चे पर निरंतर सुधारों की आवश्यकता होती है। सभी लोग अपना काम करने, लोगों से मिलने-जुलने व सामाजिकता निभाने के कट्टर तौर-तरीके अपनाते हैं। मेरे एक मित्र की पत्नी, दिल्ली में, दिसंबर की कड़कड़ाती सर्दी में, एक साल के बच्चे को ठंडे पानी से नहलाने की जिद करती थी, क्योंकि उसका मानना है कि ठंडे पानी से नहाना सेहतमंद होता है। वह तब तक ऐसा करती रही, जब तक बच्चा निमोनिया से ग्रस्त होकर अधमरा नहीं हो गया। माता-पिता व पति के साथ हुई कई बहसों के बाद उसे अहसास हुआ कि अच्छी सेहत के लिए सर्दी में ठंडे पानी से नहलाना जरूरी नहीं है। अगर दादा-दादी हस्तक्षेप न करते तो शायद उसकी यह कट्टर सोच बच्चे की जान ही ले लेती।

एक बार मेरी नियुक्ति एक ऑफिस में हुई, वहाँ मैं डिक्टेशन ही नहीं दे सकता था, क्योंकि किसी को भी स्टेनोग्राफी या टाइपिंग नहीं आती थी। वे सही तरीके से टाइप कर पाएँगे, यह उम्मीद रखना भी बेकार था।

सरकारी दफ्तरों की पारंपरिक व रूढ़िवादी सोच है कि टाइपिंग का सारा काम आपके टाइपिस्ट, सैक्रेटरी या स्टेनोग्राफर को करना चाहिए। वर्तमान संदर्भ में यह लागू नहीं होता था। मैंने उस व्यक्ति के सभी काम करने के बजाय

उसका तबादला कर दिया। उसका विकल्प इतना अच्छा निकला कि उस व्यक्ति ने मेरे प्राइवेट सैक्रेटरी के रूप में कई साल तक सेवाएं दीं। उसी की सलाह से, मैंने अपनी सर्विस के दौरान ही टाइपिंग सीखी। टाइपराइटर व कंप्यूटर के की-बोर्ड से होने वाली टाइपिंग में कोई खास अंतर नहीं होता इसलिए मैं आसानी से कंप्यूटर पर अपना काम कर लेता हूँ। इसी हुनर की बदौलत मैंने अपनी 29 किताबें तैयार की व अपने लेखन कौशल को निखारा।

मेरा मानना है कि अगर हम सारी जिंदगी कुछ-न कुछ-सीखेंगे नहीं तो पीछे छूट जाएंगे। किसी भी समस्या का सामना होते ही मैं स्वयं से पूछता हूँ कि मैं इसे कैसे हल कर सकता हूँ और कैसे नहीं कर सकता? किसी काम को न करने के बहाने बनाना सबसे आसान होता है। सही सिद्धांतों व नियमों के साथ काम करना ज्यादा मायने रखता है।

एक निराशावादी व आशावादी में यही अंतर होता है। निराशावादी काम करने के बजाय दूसरों को यही बताता रहेगा कि किस वजह से कोई काम नहीं हुआ। मेरा मानना है कि कोशिश न करने के बजाय कोशिश करके गलत नतीजे पाना ज्यादा बेहतर होता है। किसी भी काम के लिए कोशिश करना बहुत बड़ी बात है, नतीजे तक पहुँचने के लिए पहला कदम तो यही है। निःसंदेह, आगे बढ़ेंगे तो कई बेहतर समाधान सामने आएँगे। राह में सुधार की असीम संभावनाएँ मौजूद होती हैं।

यदि कोई गलती पता चले तो उसे तुरंत सुधारें। स्वीकार लें कि गलतियाँ जीवन का एक हिस्सा हैं व सभी से होती हैं। पायलट विमान उड़ाते समय जो करते हैं, आप भी वही करें। यद्यपि वे जहाज को आटो पॉयलट पर डाल देते हैं, लेकिन इसके बावजूद सैटिंग करते रहते हैं, ताकि जहाज सही व नियत स्थान पर ही लैंड करे। हमारे जीवन व व्यक्तिगत आत्म-सुधार के लिए भी यही नीति लागू होती है। प्रगति व आत्मविकास का पथ हमेशा सीधा नहीं होता। इसमें समय-समय पर सुधार करना पड़ता है। इस सुधार में ही इसे पाने की शक्ति छिपी है। ●

सर्वश्रेष्ठ प्रदर्शन कैसे हो संभव?

आपको चाहे कोई भी काम क्यों न सौंपा जाए, आपको पता होना चाहिए कि आपसे क्या अपेक्षा की जा रही है। यदि आप स्वयं को अमूल्य कहलाना चाहते हैं, तो अपना काम इतनी अच्छी तरह करें कि अपने संगठन के लिए बहुमूल्य बन जाएं। आपसे जो अपेक्षा की जाए, उससे ज्यादा देने का प्रयास करें। आपको स्वयं को सबसे अलग बनाना है, ताकि लोग आपको एक अच्छे प्रदर्शनकर्ता, कर्मचारी या सुपर स्टार के रूप में जानें। ऐसे कर्मचारी न बनें, जो हमेशा काम न करने पर बॉस की फटकार सुनता रहता है। अधिकतर लोग हमारे द्वारा दी गई जानकारी के आधार पर ही हमारा मूल्यांकन करते हैं। आप जितने मर्जी अच्छे परिणाम क्यों न दें, जब तक किसी को पता नहीं चलेगा, आपको पहचान या सराहना कैसे मिलेगी? यह तो आपकी ही गलती कहलाएगी।

आपको यह भी ध्यान रखना चाहिए कि जितने भी लोग आपसे जुड़े हों, उन्हें आपके काम व योगदान की पूरी जानकारी हो। श्रेष्ठ प्रदर्शन व कार्य को सबके सामने आना ही चाहिए।

यदि आप इतना अच्छा प्रदर्शन करते हैं, जो आपको ऊंचाइयों तक ले जा सकता है, तो विपरीत परिस्थितियों के सिवा कोई भी आपको नहीं रोक सकता। वास्तविकता यह है कि हर लिंग, जाति व शैक्षिक स्तर के व्यक्ति प्रतिदिन विभिन्न व्यवसायों में आरंभ से उच्च स्तर तक पहुंच रहे हैं। अपने-अपने क्षेत्र में बनी पहचान ही उन्हें उन ऊंचे पदों तक ले जा रही है।

ऐसे अनेक साधन, पद्धतियां या माध्यम हैं, जो आपको ऊंचाई तक या मनचाही मंजिल तक ले जा सकते हैं, किंतु आपको इतना सुनिश्चित करना होगा कि आप न केवल सबसे श्रेष्ठ व अनूठे होंगे, बल्कि निरंतर अपने कौशल व योग्यताओं को भी निखारते रहेंगे। यही एकमात्र तरीका है, जिसमें आप निरंतर अद्‌भुत व चमत्कारी परिणाम उत्पन्न कर सकते हैं।

आपका श्रेष्ठ प्रदर्शन न केवल आपके मूल्यांकनकर्ता, बल्कि साथियों व दूसरों को भी दिखाई देता है।

यदि आप निरूत्साहित, हमेशा शिकायतें करने वाले और केवल कभी-कभी प्रयास करने वालों में से हैं, तो आप कहीं नहीं पहुंच पाएंगे। ईमानदारी से कहूं, तो ऐसे लोगों को कोई नहीं चाहता। संभवत: आप भी उन्हें अपने पास तक नहीं आने देना चाहेंगे। आपको स्वयं से पूछना चाहिए कि यदि आप बॉस होते, तो क्या किसी ऐसे व्यक्ति पर निवेश करते या उसे नौकरी पर रखते, जो आपकी अपेक्षाओं पर खरा न उतरता या प्रबंधन के लिए हानि का कारण बनता।

चाहे व्यक्ति अपने लिए काम करे या किसी दूसरे के लिए; ऊर्जाविहीन, आलोचक, निराशावादी, बिखरा हुआ, तनावग्रस्त, रूखा या निंदक व्यक्ति कभी भी अपने करियर की ऊंचाइयों तक नहीं जा सकता।

कोई भी काम करते समय ध्यान दें, अपने सबसे उत्पादक कार्यों को दिन के सबसे उत्पादक समय में करें। फिर दिन के बाकी हिस्से में दूसरे काम करें। कार्यों को उनके मूल्य के अनुसार प्राथमिकता दें। किए जाने वाले कार्यों की अहमियत को समझते हुए पहले उन्हीं कामों पर केंद्रित हों, जो आपके समय का सार्थक परिणाम दे सकें। केवल उत्पादक होना ही पर्याप्त नहीं, आपको अधिक मूल्यवान होना होगा।

आपको स्वयं भीड़ से हट कर अपनी पहचान बनानी है। हमेशा अच्छे से बेहतर और फिर बेहतरीन होने की कोशिश करें।

करियर की ऊंचाइयों तक पहुंचना चाहते हैं, तो मुख्य प्रदर्शनकर्ता का रोल निभाएं। आपको अहसास होना चाहिए कि प्रदर्शन ही सब कुछ है। आपको एक ऐसा आकर्षक ब्रांड बनना है, जिससे प्रतिष्ठा, वचनबद्धता व जुनून प्रतिबिंबित हो।

याद रहे कि किए जाने वाले काम हो जाएं, उन्हें उपेक्षित न किया जाए। आपको उन्हें उनकी अहमियत के हिसाब से प्राथमिकता सूची में स्थान देना है। अपने समय का अधिकांश हिस्सा महत्वपूर्ण कार्यों में लगाएं।

हम हमेशा ऊर्जावान, जुनूनी, उमंग से भरपूर, खुशदिल, समर्थक, स्व-निर्देशत, केंद्रित व समय पर काम करने वालों का साथ चाहते हैं। ऐसे अनेक व्यक्ति हैं, जो न केवल हमें प्रेरित करते हैं, बल्कि मानवता के प्रति योगदान भी देते हैं। वे अपनी प्रेरक शक्ति के बल पर ही विजेताओं की सूची में आ जाते हैं। यह आप पर निर्भर करता है कि आप उनकी श्रेणी में आना चाहते हैं या नहीं। ●

उच्चतम् परिणामों के लिए समय व ऊर्जा का उपयोग कैसे करें ?

कोई भी व्यक्ति एक एकाकी नहीं होता। हम जीवन के प्रत्येक क्षेत्र में परस्पर एक दूसरे पर निर्भर करते हैं। हम अपने अध्यापकों से और फिर बच्चों से सीखते हैं। किसान हमारे लिए सब्जियां व अनाज उगाते हैं। पायलट हमारे लिए विमान उड़ाते हैं। इसी तरह एक सार्वजनिक 'समर्थन तंत्र' भी है, इनमें वे भी शामिल हैं, जो हमें जीवन में प्रसन्नता प्रदान करते हैं। यद्यपि हमें चेतन रूप से उनका अहसास नहीं होता। जिंदगी हमेशा चलती रहती है और हमें हमेशा अपने सपने व इच्छाएं साकार करने का मौका नहीं मिलता। यहां तक कि असफलता भी हमें सबक देती है कि उस भूल को फिर से नहीं दोहराना है और निरंतर अपने मार्ग को दिशा देनी है। इस तरह हमें हर काम नए सिरे से करने की आवश्यकता नहीं रहती। यह भी हो सकता है कि हम जो करने जा रहे हैं, उसे पहले ही कोई सफलतापूर्वक कर चुका हो। हम उन लोगों द्वारा इस्तेमाल किए गए तरीके तो आजमा ही सकते हैं। इस दुनिया में सही राह दिखाने वाले विशेषज्ञों व मार्गदर्शकों का अभाव नहीं है। किसी सहायक या विशेषज्ञ की मदद से आप अपने काम को कहीं बेहतर, आसान व सुखद बना सकते हैं।

बुनियादी रूप से हम जो भी करते हैं, जैसे करते हैं या जिस हुनर का इस्तेमाल करते हैं, उसके लिए जवाबदेह होते हैं। जब भी मेरा कंप्यूटर दिक्कत करता है, तो मैं स्वयं उसे सुधारने के बजाय इंजीनियर की सेवाएं लेता हूं, जिसने अपना पूरा करियर कंप्यूटर के क्षेत्र में ही बिताया है। ऐसा नहीं कि मैंने कभी कंप्यूटर को खुद ठीक करने की कोशिश नहीं की। समय और पैसा बचाने के लिए मैंने भी ऐसा किया है, लेकिन धीरे-धीरे मुझे अहसास हुआ कि इस गैर उत्पादक कार्य में मेरा काफी समय व्यर्थ चला जाता था। आपको,

स्वयं को, जीवन में किसी मुकाम तक पहुंचने के लिए प्रोत्साहित करते रहना चाहिए। प्रसन्न रहने के दो ही तरीके हैं; अपनी सारी इच्छाएं पूरी कर लें या अपनी जरूरतें व इच्छाएं सीमित कर लें, किंतु हममें से तकरीबन सभी लोग अपनी इच्छाओं की पूर्ति चाहते हैं। हमें प्रतिदिन यह देखने की आदत डालनी होगी कि हम लक्ष्य की ओर सही दिशा में जा रहे हैं या नहीं। सप्ताह या माह के अंत में या फिर निश्चित समय अंतराल पर भी आप अपने कार्यों का मूल्यांकन कर सकते हैं।

यदि आप दिनचर्या से फालतू की गतिविधियां निकाल दें, तो अल्पकालीन व दीर्घकालीन लक्ष्यों की पूर्ति में कोई बाधा नहीं आएगी।

मुझे सामाजिक समारोहों, भाषणों, मुलाकातों व सेमीनारों से अनेक निमंत्रण आते रहते हैं। यदि वे मेरे उद्देश्य से सीधे सबंध नहीं रखते, तो मैं उनमें से चुनाव करता हूं। मैं इस बात पर पूरी तरह से दृढ़ हूं कि मेरा समय उन्हीं बातों में बीतना चाहिए, जो मेरे लिए सबसे ज्यादा मायने रखती हैं। मैं अच्छी खासी संख्या में आए निमंत्रणों का आग्रह विनम्रता से ठुकरा देता हूं। यदि विवाह या जन्मदिन का अवसर हो, तो गिफ्ट चैक के साथ शामिल न होने की क्षमायाचना कर देता हूं। यदि मैं इस नीति को न अपनाऊं तो शायद मुझे अपने काम, आराम या मनोरंजन के लिए समय ही न मिले। यदि आप दूसरों के बजाय अपनी प्राथमिकताओं के लिए जीना चाहते हैं, तो सावधानी से अपने समय की देख-रेख करें, कहीं वह दूसरों की सेवा व हाजिरी में ही न निकल जाए। इस जीवन में हमारे पास सीमित समय व ऊर्जा है इसीलिए इस ऊर्जा को वहीं लगाना चाहिए, जहां से वांछित परिणाम मिल सकें। वह वांछित परिणाम स्वास्थ्य, व्यवसाय व परिवार आदि जीवन के किसी भी क्षेत्र में हो सकता है।

●

बिना रुके, आगे कैसे बढ़ें?

ओज, जीवनशक्ति, जुनून व उद्देश्य; जीवन में किसी उपलब्धि के लिए आधारभूत होते हैं। यह एक सामान्य अनुभव है कि जब हममें ऊर्जा का अभाव होता है या हम थकान महसूस करते हैं, तो कुछ भी खास नहीं कर पाते। यदि हम सबसे बेहतर पाना चाहते हैं, कुछ बेहतर करना चाहते हैं तो हमेशा ओज व उत्साह से भरपूर रहना होगा। एक बात तो निश्चित है कि कोई भी सार्थक कार्य करने के लिए हमें जीवन के प्रत्येक मिनट को अपने लक्ष्य या उद्देश्य के साथ जीना होगा।

आप भविष्य में जो भी पाना चाहते हैं, उसका एक विज़न (स्पष्ट तस्वीर) आपके दिमाग में होनी चाहिए। एक शानदार लक्ष्य सदा आपको आगे बढ़ने को प्रोत्साहित करेगा। हमारा क्या विज़न या दर्शन होगा, यह हम पर ही निर्भर करता है। सब कुछ हम पर निर्भर करता है। जीवन में कोई भी हमारे उद्देश्य को, हमारे लिए परोसकर नहीं लाने वाला। यह उस प्रसन्नता की तरह है, जिसे हमें अपने भीतर से पाना है, कहीं बाहर से नहीं। सबसे पहले तो हमें अपना उद्देश्य तय करना होगा, फिर उस रोड मैप को तय करना होगा, जिसके बल पर हम उसे साकार कर सकते हैं। हमें हर तरह से अपने लक्ष्य पर केंद्रित रहना होगा, इसके बिना हम कोई भी सार्थक उपलब्धि नहीं पा सकते। आपको निर्धारित लक्ष्य पहचान कर उत्साह से आगे बढ़ना है, किंतु केंद्र के बिना कुछ भी पाना असंभव होगा।

ऐसा नहीं कि हमारी राह में बाधा या अड़चनें नहीं आएंगी, हमें अपना केंद्र बरकरार रखते हुए, उन्हें लेकर आगे चलना है।

जहां तक आपके प्रदर्शन का सवाल है, अपना स्तर व अपनी अपेक्षाएं हमेशा ऊंची रखें। प्रदर्शन के स्तर को अपेक्षा से भी ऊंचा ले जाएं। अपने आप से सबसे बेहतर व श्रेष्ठ प्रदर्शन की उम्मीद करें। ऐसा करने के बाद वही करें, जो किसी सपने को साकार करने के लिए करना चाहिए। पहला कदम उठाने

में कभी संकोच न करें, क्योंकि निष्क्रियता इंसान को अनिश्चितता व निराशा की ओर ले जाती है, इसी से भय व संदेह उत्पन्न होता है। सक्रियता आत्मविश्वास व साहस को बढ़ावा देती है। यदि भय पर विजय पाना चाहते हैं, तो उस पर बैठे-बैठे विचार करने से कुछ नहीं होगा। उठिए व उसके लिए कोई ठोस कदम उठाइए। सबसे बेहतर निर्णय लेने की प्रतीक्षा में समय व ऊर्जा नष्ट न करें। यहां तक कि अनिर्णयता की स्थिति में, दूसरा श्रेष्ठ निर्णय भी कारगार होता है। यदि आप चाहते हैं कि लोग आपके पीछे चलें, तो आपको उनसे आगे चलना है। नेताओं को नेतृत्व करना ही पड़ता है। यदि आप दूसरों से आगे हों, तभी नेतृत्व कर सकते हैं।

अपने जीवन की चुनौतियों का सामना करने का सबसे बेहतर तरीका यही है कि आप स्वयं अपने मित्र बनें। अक्सर लोग दूसरों को अपना प्यार, दुलार व समर्थन देते हैं, लेकिन अपने लिए ऐसा नहीं कर पाते, बल्कि कुछ लोग तो ऐसे होते हैं जो अपने ही सबसे बड़े शत्रु व बड़े आत्मलोचक होते हैं। हालांकि, बहुत से लोग दूसरों को माफ करने के विषय मे मुक्त विचार रखते हैं, किंतु स्वयं को क्षमा देना नहीं जानते। वे अपनी क्षमता व असक्षमता के विषय में पहले से ही धारणाएं बना लेते हैं। वे सामने आने वाली समस्या को हल करने की कोशिश तक नहीं करते।

अपने मन में छिपी नकारात्मक सोच के कारण ही हम बेहतर प्रयासों के बावजूद कुछ कार्य नहीं कर सकते।

स्वयं अपने मित्र व प्रशंसक बनें, अपनी पीठ थपथपाएं, अपनी क्षमता व योग्यता का आदर करें।

मित्र सदा कठिन परिस्थितियों में आपको साथ देते हैं, वे ऐसे वक्त में आपके, आपसे भी बेहतर मित्र साबित होते हैं। जब भी अपनी आलोचना करें या गलतियां निकालें तो कम-से-कम दयालु, प्रेरक व समझदारी से भरा रवैया अपनाएं। अपने साथ मित्रवत् व्यवहार करना चाहिए। जब तक आप स्वयं प्रयास नहीं करेंगे, कुछ भी संभव नहीं हो सकता।

जिस तरह अपनी शारीरिक क्षमता बढ़ाने के लिए हम शारीरिक व्यायाम, योगा, थेरेपी व सार्थक ध्यान पद्धतियों का प्रयोग करते हैं। उसी तरह हमें अपनी मानसिक क्षमता में वृद्धि बौद्धिक विकास के लिए भी अपनी गतिविधियों में निखार लाना चाहिए। ●

सफलता को आदत में कैसे बदलें?

जीवन में परेशानियां तो आती ही हैं। ये किसी बीमारी, आर्थिक संकट या परिवार में किसी दुःखद घटना के रूप में हो सकती हैं, हमें इन सभी कठिनाईयों या दिक्कतों के बावजूद, अपनी योजनाओं व उद्देश्यों पर टिके रहना चाहिए, क्योंकि ये समस्याएं तो जीवन का ही एक हिस्सा हैं।

हमें हमेशा अपनी महत्त्वकांक्षा के साथ जीना चाहिए व सपनों को साकार करने के लिए प्रयत्न करते रहना चाहिए। मुश्किलें सामने आएं, तो उन्हें खुद पर हावी न होने दें। अगर समस्या बड़ी है, तो आपको उससे भी बड़ा व मजबूत बनना होगा। यदि कोई लक्ष्य पाने में असफल रहें, तो उन तथ्यों की जांच अवश्य करनी चाहिए जो आपकी असफलता का कारण बने।

बुनियादी रूप से लक्ष्य तक पहुंचने की तीव्रतम् इच्छा होनी चाहिए। एक तीव्र इच्छा, सफलता की राह में आने वाली हर बाधा का सामना कर सकती है। अपनी ही अपेक्षाओं व लक्ष्यों से ऊपर उठने के लिए प्रयत्नशील रहें। जब आप मन-ही-मन कुछ करने की ठान लेंगे, तो उसे करने का कोई-न-कोई रास्ता भी अवश्य ही मिलेगा।

कोई एक लक्ष्य पूरा हो जाए, तो उससे बड़े लक्ष्य की पूर्ति पर ध्यान दें। हमेशा स्वयं को आत्मविश्वास से भरपूर रखें। सकारात्मक वाक्यों द्वारा प्रोत्साहित करें। आपको जीवन में अपनी पहचान बनानी हैं, तो दूसरों से आगे जाना होगा। दूसरों से बेहतर बनने का एक मात्र तरीका यही है कि आप निरंतर अपने हुनर व जानकारी को निखारते रहें। इसके लिए सबसे बेहतर तरीका होगा कि आप दूसरों को सुनना सीखें।

यह कभी न मानकर चलें कि आप किसी भी विषय में दुनिया की जानकारी रखते हैं, बल्कि आवश्यकता पड़ने पर उन विशेषज्ञों की राय अवश्य लें, जिनका पूरा जीवन उस क्षेत्र में बीता है। इससे आपको हर चीज नए सिरे से खोजने का कष्ट नहीं उठाना पड़ेगा। जो काम पहले ही कोई कर चुका है,

उसके लिए अपना समय नष्ट न करें। जो आपकी मंजिल तक जाने का सही रास्ता जानते हों, उनकी सहायता लेने में संकोच न करें।

दैनिक व दीर्घकालीन रूप से किए जाने वाले कार्यों की सूची बनाएं। फिर यह देखें कि दिया गया कार्य आप स्वयं कर सकते हैं या आपको किसी विशेषज्ञ के परामर्श की आवश्कता होगी।

यदि कोई काम करने से पहले किसी खास किस्म की जानकारी चाहिए तो उसे इकट्ठा करें। कुछ नया सीखने के मौके को सिरदर्दी न मानें। इसे एक उपलब्धि व आनंद के रूप में स्वीकारें। नए कौशल आपको प्रभावी तो बनाएंगे ही, साथ ही आपके कार्य करने की सक्षमता में भी वृद्धि करेंगे।

योग्यता, प्रेरणा व रवैये के मेल से किसी भी लक्ष्य को पाया जा सकता है। योग्यता आपकी क्षमता व सहनशीलता की पूरक है, प्रेरणा लक्ष्य के प्रति तत्परता दर्शाती है तथा रवैया दर्शाता है कि आप लक्ष्य को पाने के लिए कितनी दूर तक जा सकते हैं।

स्वयं से ऐसे प्रश्न हमेशा पूछते रहें, जो आपको मनचाही दिशा में जाने के लिए आपको सक्षम बनाते हों, जैसे मैं बेहतर तरीके से काम कैसे कर सकता हूं? या अपने जीवन व समय का बेहतर सदुपयोग कैसे कर सकता हूं? यदि प्रत्येक लक्ष्य पूरा होने पर, आपको पहले से कहीं अधिक विश्वस्त व शक्तिशाली बनाता है। आपको आश्वस्त करता है कि आप सही रास्ते पर जा रहे हैं। किसी एक लक्ष्य की पूर्ति ही जीवन की संपूर्णता नहीं होती। इससे केवल यही पता चलता है कि आपका केंद्र उचित था और प्रयास भी पर्याप्त थे। हो सकता है कि आपको विविध लक्ष्यों के लिए विविध नीतियां अपनानी पड़ें। जिस सफल नीति से आपने किसी समस्या का सफल समाधान किया हो, यह आवश्यक नहीं कि वही नीति दूसरी बाधा भी हल कर पाएगी। अतः परिवर्तन के लिए तैयार रहें व नए आविष्कारों के प्रति आग्रही रहें।

अपने सपनों का जीवन कैसे जिएं?

पूरी ईमानदारी के साथ काम करना, अपने आप में एक जुनून है। जब भी हम किसी दूसरे को धोखा देते हैं या झूठ बोलते हैं, तो खुद उसने छिपाने या अपने नजरिए को सही साबित करने की कोशिश करते हैं। यदि सच में सफलता का स्वाद पाना चाहते हैं, तो आपको अपने स्वाभिमान का स्तर ऊंचा रखना होगा। कुछ लोग हमेशा ऐसे जीते हैं या काम करते हैं कि दूसरे क्या महसूस करेंगे? यदि आप हमेशा दूसरों की सहमति पाने या उनकी महत्त्वकांक्षाओं पर खरा उतरने की कोशिश में रहेंगे, तो अपना बेहतर प्रदर्शन नहीं दे पाएंगे। जब तक आपको लगता है कि आप सही कर रहे हैं, तो दूसरों की सोच के बारे में माथापच्ची करने की जरूररत नहीं है। चाहे हम किसी भी क्षेत्र में क्यों न हों, प्रत्येक क्षेत्र में आपसी समझौते, मनुष्य के अस्तित्व का एक अंग हैं, क्योंकि इसमें दूसरों के हितों के लिए समस्या समाधान की परिस्थितियां भी शामिल हैं।

भविष्य को ध्यान में रखकर, आप तय कर सकते हैं कि आप कुछ मुद्दों पर किस हद तक समझौता करना चाहेंगे? यदि आपको अपना पक्ष सुधारने से लाभ होता है, तो उसे अवश्य करें। जीवन के सभी महत्त्वपूर्ण मामलों में सब कुछ आपकी वाणी पर निर्भर करता है। चाहे आप कुछ भी कर रहे हों, बस इतना ध्यान रहे कि, जिस हद तक हो सके; दूसरों के साथ सबंध व भरोसा टूटने न दें।

आपको निरंतर सबंधित क्षेत्र में अपने संसाधनों व जानकारी को व्यवस्थित करते रहना चाहिए। चाहे जो भी करें या जिंदगी से जो भी चाहें, जीवन में अपने उद्देश्यों के प्रति सजग रहें। एक सही दर्शन अपनाने से सही दिशा व राह पा सकते हैं।

केवल उद्देश्यों की स्पष्टता ही, काफी हद तक आपको मनोवांछित लक्ष्य पा लेने में सहायक हो सकती है। लगातार अपना दर्शन गढ़ते रहें कि आप क्या कर रहे हैं व क्यों कर रहे हैं? आपको न केवल लक्ष्यों के प्रति केंद्रित रहना है, बल्कि वफादारी, आत्मानुशासन व दृढ़ संकल्प के साथ नियोजन करना है व उस पर अमल भी करना है। आपके कुछ कहे-सुने बिना ही यह सभी खूबियां प्रतिबिंबित होंगी। अक्सर लोग आत्मविश्वास से भरपूर व्यक्ति की ओर

स्वयं ही आकर्षित हो जाते हैं। वे उन्हें उन सफल लोगों में से एक मानते हैं, जो अपने जीवन में कुछ बड़ा कर दिखाते हैं।

आपकी बोल-चाल व चाल-ढाल में एक विजेता की छवि झलकनी चाहिए। आपको हमेशा चारों तरफ पैनी निगाह बनाए रखनी है कि कौन व्यक्ति सही है और कौन गलत या आपको आगे क्या करना होगा?

दूसरों के नियमों या अपेक्षाओं अनुसार अपना जीवन न जिएं, बचपन में, हम माता-पिता, स्कूल अधिकारियों, धार्मिक नेताओं व यहां तक कि पड़ोसियों द्वारा बनाए गए नियमों के अनुसार चलते हैं। हम सभी को बड़े होने पर, अपने तरीके से, प्रसन्नतापूर्वक जीने का पूरा हक है। यदि आपने कोई अपराध नहीं किया है तो आपको किसी के बनाए कायदे-कानूनों, नियमों व अपेक्षाओं के अनुसार चलने की क्या आवश्यकता है।

यदि आप जीवन में, चुने गए क्षेत्र में खुशी-खुशी काम कर रहे हैं, तो ठीक है, किंतु यदि उसमें कोई बदलाव चाहते हैं, तो खतरा मोल लेते हुए, आगे कदम बढ़ाएं। यदि गंभीरता से चलेंगे, तो सब कुछ सफलता से हो जाएगा। यह न मानकर चलें कि अगर आपने काम या जिम्मेदारी बदली तो पहाड़ टूट पड़ेगा या दुनिया तबाह हो जाएगी।

वही करें, जो अच्छा लगे व जो आप जीवन में करना चाह रहे थे। अपने मन की सुनें। दूसरों की सुनें अवश्य, लेकिन करें वही जो आपको सही लगे व आपकी रुचि के अनुकूल हो। स्वयं को सपने में भी न कहें कि आप जीवन की बेहतरीन वस्तुएं पाने का हक नहीं रखते।

यदि आप स्वयं पर भरोसा नहीं रखेंगे तो कौन रखेगा? याद रखें कि चिंता व भय केवल आपके मन की उपज है। यदि कुछ नया पाना है तो परिचित व सुरक्षित दायरे से बाहर आना ही होगा। यदि वास्तव में कुछ सार्थक न लगें तो उसमें कोई प्रसन्नता, आनंद या सुरक्षा शेष नहीं रहती। रोमांच व उत्साह में कहीं अधिक भरपूर होने का अहसास मिलता है। आगे बढ़ने में ही जीवन है और जीवन में हम जो भी सुधार चाहते हैं, वह परिवर्तन ही लाता है।

साहस ही वह गुण है, जिस पर अन्य वांछित विशेषताएं निर्भर करती हैं। यदि आपके पास नए रास्तों पर चलने का साधन नहीं है तो आप सृजनशील नहीं हो सकते। हमारे जीवन का इतिहास दुःख व पीड़ा से भरा पड़ा है, परन्तु इसके बावजूद जीना ही पड़ता है, किंतु यदि हम अपने आप में ही अच्छी तरह सोच-विचार कर और उचित साधनों द्वारा इसका सामना करें, तो हमें भविष्य में इसे दोबारा नहीं जीना पड़ेगा। ●

मन की शक्ति का प्रयोग कैसे करें?

हम सभी जीवन में प्रसन्न रहने व आनंद पाने के हकदार हैं, यह हमारा अधिकार है। कभी भी यह विचार मन में न लाएं कि हम सबसे बेहतर पाने के हकदार नहीं हैं।

हमारी सोच, हमारे शब्द व हमारा कर्म ही हमारी पहचान है व हम स्वयं ही इसे गढ़ते हैं। हमारी यही पहचान तय करती है कि हम भविष्य में क्या होंगे, हम क्या पा सकते हैं या हम किस प्रकार का जीवन व्यतीत करेंगे? हमें सबसे बेहतर बनकर, न केवल स्वयं को, बल्कि दूसरों को भी प्रेरित करना है। यह पहल हमें कभी दिग्भ्रमित नहीं करेगी। इसके विपरीत, हमें हमारे मनचाहे लक्ष्य पर केंद्रित होने योग्य बनाएगी।

जिस जीवन व कार्य से हम लगाव रखते हैं, वह वास्तव में अद्‌भुत व विलक्षण होता है। हमें बड़ी सावधानी से अपने कार्य व कर्मों का चुनाव करना चाहिए। वे ऐसे होने चाहिए कि हम बिना किसी अपराध बोध या ग्लानि के अपनी मर्जी का जीवन जी सकें। हमें लोगों वा स्थितियों में नकारात्मकता के स्थान पर सकारात्मकता को तलाशना सीखना होगा।

हो सकता है कि इसके लिए आपको अपने काम करने व जीने के तौर-तरीके बदलने पड़ें, अपने जीवन में आगे बढ़ने के लिए हमें लगातार अपनी भूलों से सबक लेते रहना चाहिए। उन्हीं की मदद से हमें आगे बढ़ने की प्रेरणा मिलती है। हर असफलता हमें सफलता के और निकट ले जाती है। चाहे प्रगति कितनी ही धीमी क्यों न हो, हमें वांछित लक्ष्य तक जाने के लिए निरंतर क्रियाशील रहना होगा। यदि आप दो कदम आगे व एक कदम पीछे भी लेते हैं, तो भी प्रगति तो होगी ही, चाहे धीमी ही क्यों न हो। आप, केवल आप ही अपना मनचाहा जीवन गढ़ सकते हैं। हम सभी में कोई-न-कोई कौशल व विलक्षणता अवश्य होती हैं, उसे पहचान कर सही इस्तेमाल करने में ही हमारी प्रगति छिपी है।

इतिहास ऐसे अनके विजेताओं का साक्षी है, जिन्होंने सफलता पाने से पहले अनेकों निराश कर देने वाली बाधाओं का सामना किया। उनकी सफलता इसी तथ्य में निहित थी कि उन्होंने हार नहीं मानी और पराजय को भी बिना घबराए स्वीकारा। यहां तक कि हमें रोज़मर्रा के जीवन में भी दूसरों से कहीं अधिक प्रयत्नशील होना पड़ता है, तभी हम जीवन से कुछ बेहतर पा सकते हैं।

महानगरों में ट्रैफिक जाम में फंसना एक आम बात है। चाहे घंटों प्रतीक्षा क्यों न करनी पड़े, कोई भी हिम्मत हार कर अपनी गाड़ी जाम में छोड़ कर घर नहीं चला जाता। अंततः हर कोई अपनी मंजिल तक पहुंचता है। रोजमर्रा की दिनचर्या में, महत्त्वकांक्षाएं साकार करने के लिए भी यही पहल अपनानी होगी। बेशक इसके लिए कड़े संकल्प, समर्पण, आत्मानुशासन व प्रयत्न की कीमत चुकानी होगी। आपको स्वयं किसी भी ऐसी गतिविधि या कार्य में लिप्त नहीं होना चाहिए, जो आपकी ऊर्जा सोख ले। आपकी ऊर्जा का स्तर जितना अधिक होगा, शरीर उतना ही सक्षम रहेगा और आपके कार्य व नौकरी में उत्पादकता बढ़ेगी।

अपने बारे में ऊंचा सोचना व दूसरों को अपने सबंधों के आधार पर बने मापदण्डों के आधार पर परखना, मानवीय स्वभाव है ज्योतिषी या कोई भी आपका भविष्य नहीं जांच सकता। आप जो भी कर रहे हैं, उसी के आधार पर आपके आने वाले कल का पता लगता है। प्रसन्नता के विषय में आपकी धारणा यही होनी चाहिए कि आप खुश, बहुत खुश या दुनिया के सबसे प्रसन्न व्यक्तियों में से एक हैं।

किसी भी दूसरे वर्गीकरण को अहमियत न दें। बीते कल को कल ही विदा देने की आदत डालें। उसकी चिंताएं व परेशानियां आज साथ न लाएं अन्यथा कल वाला कष्ट व तकलीफ आज भी बरकरार रहेगी।

जीवन में स्थायित्व से बढ़कर कुछ नहीं होता। यदि हम बदलते हालात, वस्तुओं व लोगों के साथ नहीं बदले, तो काफी पीछे रह जाएंगे। यदि आप आज सफल हैं पर लगातार काम नहीं करते, तो यह जरूरी नहीं कि आप कल भी सफल रहेंगे। अपनी सुविधाओं में सब भूल जाने का अर्थ होगा, पीछे छूट जाना। हर परिस्थिति में, हर समय, सफलता का कोई रेडीमेड फार्मूला नहीं मिलता। यदि ऐसी सोच अपनाएंगे तो पतन सुनिश्चित है। चाहे आप सबसे बेहतर ही क्यों न कर रहे हों, तो भी सब छोड़ कर आराम से बैठने की भूल

न करें। जीवन की इस रेस में एक बार आगे निकलना ही काफी नहीं, यदि पिछड़ना नहीं चाहते, तो दौड़ जारी रखनी होगी।

जब आप अतीत के किसी पहलू में सुधार लाते हैं, तो वृद्धि का संकेत मिलता है। परिवर्तन के बिना वृद्धि असंभव है तथा इन दोनों का परस्पर संबंध है। अपने आप से लगातार पूछते रहें कि आप जो कर रहे हैं, क्या उसे करने का कोई और बेहतर उपाय हो सकता है?

याद रखें, अगर वैज्ञानिकों ने संप्रेषण के बेहतर व उन्नत साधन तलाशने की कोशिश न की होती, तो आज हमारे पास मोबाइल फोन व इंटरनेट न होते। हम सभी जी-जान से अपने जीने, काम करने व रहने के तौर-तरीकों को जारी रखना चाहते हैं। हमें उनमें फेरबदल पसंद नहीं आता। यदि हमें कोई बदलाव लाने को कहता है या आलोचना करता है, तो हम अपने बचाव में खड़े हो जाते हैं।

यदि हम वृद्धि करना चाहते हैं, तो किसी बाहरी व्यक्ति, सलाहकार, विशेषज्ञ की मदद से अपने प्रदर्शन का मूल्यांकन करवाना चाहिए, ताकि उसके निष्पक्ष निर्णय से हमें अपनी भूलों का पता लग सके। काम को करने का हमेशा एक बेहतर तरीका या उपाय या प्रभावी तंत्र होता है। यदि बेहतर निर्णय व अधिक उत्पादकता चाहते हैं, तो पिछली भूलों व गैरउत्पादक निर्णयों को छोड़ना होगा। किसी सौदे में सफलता मिल जाए, तो सतुंष्ट होने के बजाय उससे बड़ा लक्ष्य साधना चाहिए। आपको केवल बीते कल की सफलता नहीं चाहिए, बल्कि आपको आज और अपने वाले कल में भी सफल होना है।

सफल प्रतिनिधान के रहस्य का उपयोग कैसे करें?

यद्यपि, हम कितने भी मेहनती व सक्षम क्यों न हों, हम सब कुछ नहीं कर सकते। सफल नेता, जीवन के प्रत्येक क्षेत्र में; कार्य बांटने या सौंपने की कला जानते हैं। यदि सही तरीके से किसी को कोई कार्य सौंपा जाए, तो कम कीमत व कम समय में बेहतर कार्य करवाया जा सकता है। इससे काम बाँटने वाले का समय बचता है, जिससे वह अधिक महत्त्वपूर्ण कार्य कर पाता है।

इससे काम करने वाले की क्षमताओं व आत्मविश्वास के स्तर में भी वृद्धि होती है। यद्यपि काम सौंपते समय, उक्त व्यक्ति को बता देना चाहिए कि, उससे कितने समय में, किस परिणाम की अपेक्षा की जा रही है।

उसे अपने कार्य की सीमाओं का पता होना चाहिए तथा यह भी जानकारी होनी चाहिए कि वह किसकी सहायता व मार्गदर्शन पर भरोसा कर सकता है। उसे यह भी पता होना चाहिए कि यदि वह कुछ न संभाल पाए, तो कब व किस स्तर पर उच्च अधिकारियों की सहायता से समस्या हल कर सकता है, किंतु साथ ही यह भी स्पष्ट हो कि उसे किसी दूसरे उच्च अधिकारी को काम नहीं सौंपना।

केवल काम बांट देना ही काफी नहीं होता। उसे कोई भी जरूरी काम करने के लिए आवश्यक साधन व अधिकार दिए जाने चाहिए। आवश्यक साधनों के अभाव में बेहतर परिणामों की अपेक्षा नहीं की जा सकती।

इन सभी साधनों में समय, उपकरण, आपूर्ति, स्थान, धन व मानव श्रम भी शामिल है। जब काम सौंपना हो, तो आपको पहले से पता होना चाहिए कि उक्त व्यक्ति की क्षमताओं व योग्यताओं का स्तर क्या है। किसी भी सौंपे गए कार्य के लिए उचित व्यक्ति के चुनाव पर ही, बांटे गए कार्य का परिणाम निर्भर करता है।

कार्य सौंपते समय ध्यान दें कि उक्त कार्य से जुड़े व्यक्तियों को ही वे दायित्त्व सौंपे जाएं, चूँकि उन्हें बुनियादी रूप से काम की पूरी जानकारी होती है, अत: वे उसके लिए सबसे बेहतर माने जा सकते हैं। इसमें कार्यस्थल की सक्षमता भी शामिल है, जो उन्हें कार्य करने में सहायक होती है।

यदि बांटे जाने वाले कार्य के योग्य कौशलयुक्त व्यक्ति का चुनाव होगा, तभी कार्य सौंपने का कार्य प्रभावी होगा। यदि आप उपयुक्त व्यक्ति का चुनाव न कर पाएं तो किसी ऐसे व्यक्ति को चुनें, जो उस तक आपको पहुँचाने का कौशल रखता हो।

यदि कार्य पूरे समूह को सौंपा गया है, तो दल के प्रत्येक सदस्य की क्षमताओं का ज्ञान होना चाहिए ताकि पता लग सके कि वे कौन-सा कार्य स्वतंत्रतापूर्वक संभाल सकेंगे तथा किस कार्य में उन्हें मार्गदर्शन की आवश्यकता होगी। समूह के सम्मुख सटीक, मापने योग्य, संक्षिप्त व बांटने योग्य उद्देश्य मौजूद होने चाहिए। आपको प्रत्येक सदस्य के सामने स्पष्ट कर देना चाहिए कि आप उससे क्या अपेक्षा रखते हैं।

जब भी कार्य बाँटे या सौंपे, तो स्पष्ट रूप से अपनी अपेक्षाएं जता दें। जितना संभव हो सके, अपेक्षाएं निर्धारित हों। कम-से-कम आपको 'क्या' व 'कब' तो बता ही देना चाहिए।

काम पूरा करने के लिए डेडलाइन या समय सीमा देना ठीक रहेगा, किंतु यह समय सीमा दोनों पक्षों द्वारा, वास्तविक रूप से तय होनी चाहिए। डेडलाइन तय होने के बाद, सभी सदस्य उस कार्य को उसी समय सीमा के भीतर समाप्त करने के लिए उत्तरदायी हो जाते हैं। काम सौंपते समय यह जानकारी भी दे दें कि काम किस तरह होना है। उसे केवल परिणामों पर केंद्रित होना चाहिए। व्यक्ति अथवा दल अपनी रचनात्मकता के आधार पर तय करे कि निर्धारित समय सीमा में, समस्या समाधान के पश्चात्, अपेक्षित परिणामों तक कैसे पहुंचेगा? इससे उनके हुनर व कौशल में तो निखार आएगा ही, साथ ही उनकी भावी नेतृत्व क्षमता भी विकसित होगी।

यद्यपि, आपको समय-समय पर फीडबैक भी लेना है। यह निर्धारित, समय पर फोन; ई-मेल या लिखित रिपोर्ट के रूप में हो सकता है। काम बांटने के बाद, उसे डेडलाइन तक भूलने की गलती न करें। आपको बीच-बीच में उसके बारे में पूरी जानकारी रखनी होगी।

यदि काम अच्छी तरह और सफलता से पूरा हो जाए तो खुल कर प्रशंसा करें, क्योंकि वे लोग भी तो अपने द्वारा किए गये कार्य का फीडबैक लेना चाहेंगे कि वे किस स्तर तक आपकी अपेक्षाओं पर खरे उतरे या संभावित परिणामों के कितने निकट पहुंचे। यहां तक कि स्टार प्रदर्शनकर्ता भी अपने कार्य की सराहना चाहते हैं। यदि किसी कारणवश वे लोग दिया गया काम पूरा न कर सकें, तो उन्हें कहें कि वे टालमटोल करने के बजाय ईमानदारी से अपना पक्ष रखें। सही तरीके से किया गया काम प्रशंसा तो पाता ही है, साथ ही सफल व्यक्तियों व संगठनों का हॉलमार्क भी बनता है। साधारण-सा सच यही है कि आप अधिक-से-अधिक काम करना चाहते हैं, तो अधिक-से-अधिक काम बांटें व दूसरों से करवाएं। स्वयं काम छोड़ कर, दूसरे से करवाने का एकमात्र उद्देश्य यही है कि आप दैनिक कार्यों की अपेक्षा महत्त्वपूर्ण कार्यों पर केंद्रित हो सकें।

●

जीवन से दोहरे लाभ कैसे पाएँ?

हम सभी गलतियाँ करते हैं और बाद में सोचते हैं कि काश! हमने वह भूल न की होती।

एक भी व्यक्ति ऐसा नहीं, जो भूल न करता हो। ऐसी परिस्थिति से सीखने वाली चीज यही है कि हम उन गलतियों का फायदा कैसे उठा सकते हैं? एक बार गर्म बर्तन या आग से अंगुलियां जलने के बाद, हम दोबारा वैसा कभी नहीं करते। यहां तक कि जानवर व बच्चे भी जानते हैं कि पहाड़ की चोटी पर चलना, गिरने का या मौत का कारण बन सकता है।

असफलताएं हमें चेतावनी देती हैं। दिन-प्रतिदिन के जीवन में हमें सबसे अधिक इसी उथल-पुथल का सामना करना पड़ता है।

गलतियाँ हमें सिखाती हैं कि कहां सुधार की गुंजाइश है या किस पहल सें सुधार लाने में सफलता पाई जा सकती है। गलतियों पर पछताने के बजाय, उन्हें अनुभव के रूप में लेना सीखें।

सफलता या असफलता, विवेक, मत व मूल्यांकन का मामला है। यदि आपसे हुई किसी भूल का अप्रिय परिणाम सामने आता है, तो जरा रुक कर, यह पता लगाएं कि ऐसा क्यों हुआ। आपको इस नतीजे के लिए खुद को कोसना नहीं है।

इसका मूल्यांकन करने के बाद उचित रचनात्मक कदम उठाएं, ताकि भविष्य में ऐसी गलती दोबारा न हो। अंततः आप ही परिणाम के लिए उत्तरदायी हैं। केवल इतनी सावधानी रखनी है कि वही गलती फिर न हो। हम जीवन में जो भी करते हैं या जो भी चुनाव करते हैं, उसमें कभी-कभी मात खानी भी पड़ सकती है। हमें उन चुनावों या विकल्पों से सबक लेना चाहिए। कभी-कभी हमने यह भी देखा है कि आज जो हमें भूल, हानि या दुर्भाग्यपूर्ण लग रहा है, वही आने वाले समय में सबसे बेहतर घटना बन जाती है।

मेरे स्वर्गीय पिता महंत करतार सिंह की हार्दिक इच्छा थी कि मैं पढ़-लिखकर जीवन में कुछ बन जाऊं। वे स्वयं मैट्रिक पास थे, जो उनके समय समय में (1933) एक बड़ी उपलब्धि से कम नहीं था।

उन्होंने पूरा ध्यान दिया कि मैं पंजाब के सबसे बेहतरीन कॉलेज से शिक्षा पाऊँ। दूसरों को ऑल इंडिया सर्विसेज परीक्षा में सफल होते देख, मैंने भी परीक्षा दी व आई.पी.एस. के लिए चुन लिया गया।

मेरी स्वर्गीय माता जी नहीं चाहती थीं कि मैं पढ़ने के लिए बाहर जाऊँ। वे चाहती थीं कि मैं राशन की दुकान चलाऊँ। वे उस समय के लिहाज से ठीक थीं, क्योंकि पैसे की काफी तंगी थी। वे खुल कर नहीं कह सकती थीं, किंतु यह सच था कि माता-पिता मेरे स्कूल व कॉलेज की पढ़ाई का खर्च बमुश्किल जुटा पाते थे। जो बात उस समय ठीक नहीं लगती थी, वही आने वाले वक्त में मेरे व मेरे परिवार के लिए सबसे बेहतर बन गई और पूरा गांव मुझ पर गर्व, करने लगा। मेरी पढ़ाई पर हुए खर्च की भूल छिपे वेष में वरदान से कम नहीं थी।

अगली बार आपसे यदि कोई भूल हो तो मन-ही-मन मुस्कुरा कर कल्पना करें कि संभवत: वह छिपे रूप में कोई वरदान हो जाए। भूल ही तो हमें सिखाती है कि जीवन में कहां सुधार की जरूरत है, भूलों के बिना तो हम जान ही न पाते कि काम व जीवन की गुणवत्ता में सुधार लाने के लिए क्या करें। गलतियां हमें और बेहतर होने का मौका देती हैं। गलतियां करके गिरने में कोई पाप या अपराध नहीं है, लेकिन वहां से दोबारा न उठना पाप है।

चाहे आपने कितनी ही गंभीर भूलें क्यों न की हों, आपके लिए एक मौका तो अवश्य होता ही है। जिसे हम असफलता कहते हैं, वह नीचे गिरना नहीं, बल्कि वहीं ठहरना होता है।

गलतियां आविष्कारों का प्रवेश द्वार होती हैं। हमें गलतियों पर सिर धुनने के बजाय, आने वाले शानदार भविष्य पर नज़र रखनी चाहिए। अतीत को बदला नहीं जा सकता, किंतु हम आने वाले कल के लिए तो कुछ-न-कुछ कर ही सकते हैं। हमें अपनी भूलों पर मुस्कराकर आगे बढ़ना चाहिए। गलतियों से भयभीत रहना ही ज़िंदगी की सबसे बड़ी भूल है। केवल वही इंसान गलतियां नहीं करेगा, जो कुछ करता ही न हो।

गलतियां इस ज़िंदगी की हकीकत हैं। यू.एस.ए के भूतपूर्व राष्ट्रपति थियोडोर रूजवेल्ट ने कहा था , ''न आलोचक, न ताकतवर लोगों के

लड़खड़ाते कदमों की ओर संकेत करने वाला व्यक्ति और न ही कल्याणकारी कार्यों की मीमांसा, इनमें से कुछ भी मायने नहीं रखता। श्रेय तो उस व्यक्ति को जाता है, जो युद्ध क्षेत्र में डटा है, जिसका चेहरा रक्त व धूल से लथपथ है, जो वीरता से डटा है, जो गलतियां भी करता है, लेकिन बार-बार उठ खड़ा होता है, जो उत्साहवान है, जो पूरी निष्ठा से भलाई के लिए जुटा है, जो बहुत अच्छी तरह उपलब्धि को जानता है, जो यह जानकर भी साहस संजोता है कि यदि असफल रहा तो कम-से-कम असफल तो होगा, ताकि उसका नाम उन उत्साहहीन और अज्ञानी लोगों में न लिया जाए, जो जय-पराजय, दोनों से ही अनजान रहे।" ●

विकसित व विवेकपूर्ण कैसे बनें?

हम सभी अपने जीवन से बहुत कुछ चाहते हैं। समय स्थान व व्यक्ति के अनुसार हमारी अपेक्षाएं बदलती रहती हैं। सामंजस्यपूर्ण मेल में ही सच्ची योजना व कौशल छिपा है।

सबसे चतुर, शिक्षित या वीर व्यक्ति विजयी नहीं होता, बल्कि एक विवेकी व्यक्ति ही सफल होता है। मनुष्य में अनेक विलक्षण व स्वर्णिम विशेषताएं पाई जाती हैं, किंतु उनमें विवेक सर्वोपरि है। आप दूसरों से किस तरह पेश आते हैं व प्रतिक्रिया देते हैं वह आपकी बुद्धिमता व विवेक को दर्शाता है।

विवेकी व्यक्ति को किस तरह बुद्धिमतापूर्ण आचरण व प्रबंधन, सावधानी पूर्ण विवेक व आत्मसंयम, सावधानी व देख-रेख की विशेषता से जोड़ सकते हैं।

मैं कई बार बड़ी विचित्र परिस्थितियों में फसां हूं, किंतु समय रहते, विवेक के प्रयोग से मेरी रक्षा हो सकी। एक बार प्रधानमंत्री के साथ भेंट के दौरान मैंने पाया कि वे ऐसे आंकड़े कह रहे थे, जो वास्तविक आंकड़ों से अलग थे। उन्होंने मुझे देखा ताकि जान सकें कि उन्होंने जो कहा, वह ठीक था या नहीं। मैंने धीरे-से हामी भरते हुए अपनी सहमति दी, क्योंकि मैं नहीं चाहता था कि उनकी गलती बरकरार रहे इसलिए मैंने उन्हें एक पुर्जे पर लिख भेजा कि परिस्थितियां प्राय: बदलती रहती हैं, जो आज के लिए सही है, वह जरूरी नहीं कि कल भी सही होगा। उन्हें मुझ पर पूरा भरोसा था इसलिए उन्होंने कहा कि आंकड़ों में भी समय-समय पर सुधार हो सकता है।

बाद में उन्होंने मुझसे पूछा कि मैंने उनसे पर्ची पर लिखा संदेश क्यों पढ़वाया। मैंने बताया कि आंकड़े तो कुछ ही दिन में गलत हो सकते हैं और मैं नहीं चाहता था कि कोई आपको इस मुद्दे पर गलत ठहराए। उन्होंने मेरी मध्यस्थता तथा विवेक की काफी प्रशंसा की।

विवेक जीवन का सार है या यूं कहें कि यह किसी व्यक्ति को बनाने व बिगाड़ने का काम भी करता है। यदि उचित विवेक व भाषा का प्रयोग न हो तो सबंधों में खटास आते देर नहीं लगती।

किसी भी क्रिया या प्रतिक्रिया के दोनों पहलुओं पर ध्यान देने के बाद ही किसी निर्णय पर पहुंचना चाहिए। सामाजिक, व्यक्तिगत व राजनीतिक सबंध ों में विवेक सर्वाधिक महत्त्वपूर्ण होता है।

हमें न केवल रोज़मर्रा के जीवन में, बल्कि अपने वैवाहिक जीवन में भी विवेक से काम लेना चाहिए ताकि जीवन सुखमय बना रहे। विवेक को उत्पन्न व विकसित करने के कोई तयशुदा नियम नहीं होते। सफल होने के लिए उसका पालन करना जरूरी है। यदि हम मालिक हैं तो हमें कई बार, सब कुछ अनदेखा करना पड़ता है और नौकर हैं तो कई बार अंधा व बहरा, दोनों ही बनना पड़ता है। चाहे आप में कितनी ही योग्यता क्यों न हो, विवेक के अभाव में आप वांछित परिणाम नहीं पा सकते।

उन्नति निर्णयों के लिए, दिन-प्रतिदिन के जीवन में हमेशा विवेक की आवश्यकता होती है। इसके तहत कई बार एक कदम पीछे भी लेना पड़ता है ताकि आप दो कदम आगे जा सकें।

ये नियमों को बनाने व लागू करने के लिए भी जरूरी है। कई बार लोकप्रिय मांग या फिर विचित्र परिस्थितियों से निबटने के लिए, अच्छे से अच्छे निर्णयों को भी सीमित करना पड़ता है। जिस प्रकार कई बार सरकार को लोगों की प्राण रक्षा के लिए व लोगों के हित में आतंकवादियों या माओवादियों को छोड़ना पड़ा।

जब कई बार मित्र राष्ट्र फैसलों का समर्थन नहीं करते, तो सरकार को कर घटाने के निर्णय लेने पड़ते हैं। उपलब्ध चुनावों तथा लोच के आधार पर निर्णय निर्धारण के विवेक का विश्लेषण कर सकते हैं। हमें बोलते समय भी विवेकपूर्ण होना चाहिए।

इस विषय में शेक्सपीयर के एक विदूषक पात्र ने कहा है

To die is to be a counter feil, for he is, but the counterfeil of a man, who hath not the life of a man; but to conuterfeil-dying, when a man thereby liveth, is to be no counterfeit, but the true and perfect image of life indeed. the better part of valour is discreation in the which better part. I have saved my life.

यहां यह पात्र कहना चाहता है कि युद्ध के मैदान में वह दुश्मनों से बचकर छिप गया, यहां तक कि उसने मृतक होने का दिखावा भी किया, ताकि किसी भी तरह के व्यक्तिगत खतरे से बच सके।

कहीं भी अपना स्वर्ग कैसे बनाएँ?

एक महत्त्वपूर्ण नियम हमेशा याद रखें कि जब भी, जो भी करें, उसे पूरी एकाग्रता से करें तथा पूरा समय दें। यह हमारी पहली प्राथमिकता होनी चाहिए अन्यथा हम किसी भी कार्य क साथ न्याय नहीं कर पाएँगे। हमें प्रतिदिन स्वयं से पूछना चाहिए कि बीते हुए दिन, माह या वर्षों में कुछ खास या पहले जैसा था?

स्वयं से यह भी पूछें कि क्या आप अपने जीवन में मनचाहे बदलाव लाने में सक्षम हो पाए हैं? आपको यह भी पूछना चाहिए कि आपके उत्साह का स्तर आज भी वही है या उमंग घट गई है? यदि नकारात्मक उत्तर मिलें तो आत्मविश्लेषण द्वारा, परिस्थिति में सुधार का प्रयास करें।

चाहे काम पूरा न हो, फिर भी स्वयं को नीचा न दिखाएँ। जीवन में अब तक प्राप्त उपलब्धियों का जश्न मनाएं फिर आगे कदम बढ़ा लें। यह हमेशा याद रखें कि सकारात्मक व नकारात्मक विचार तथा कार्य आपके जीवन में बड़ी खास भूमिका निभाते हैं। यही आपके जीवन तथा व्यक्तित्व को गढ़ते हैं, आप स्वयं से जिस तरह के प्रश्न पूछते हैं, उसी तरह का जीवन जीते हैं। हमारे प्रश्नों के अपने ही तयशुदा उत्तर होते हैं, जो निश्चित कार्य व प्रतिक्रियाओं को जन्म देते हैं। यदि आप स्वयं से खुद को पीछे धकेलने वाले प्रश्न पूछ रहे हैं, तो स्वाभाविक रूप से हतोत्साहित करने वाले उत्तर ही पाएँगे।

"कम-से-कम आप अपने मस्तिष्क में तो अपनी शानदार छवि से शुरुआत कर सकते हैं। इसे किसी से न बाँटें। अगर आपको लगता है कि दूसरे आपको नीचे धकेलने की कोशिश कर सकते हैं, तो किन्हीं विशेषज्ञों के साथ, इस पर चर्चा करें।

काम को जी का जंजाल न मानें व गंभीर रूप से अवसाद ग्रस्त भी न हों, हालांकि जीवन में हमेशा बुरे दौर से बच पाना संभव नहीं है। कभी न

सोचें कि सेहत या वित्त से जुड़ी कोई परेशानी सारी जिंदगी यूँ ही रहेगी, उसमें कभी सुधार नहीं होगा, बल्कि जीवन-चक्र में उतार-चढ़ाव तो आते ही रहते हैं। हम नकारात्मक पहलुओं के अस्तित्व को अनदेखा नहीं कर सकते। इन पर पछताने या सिर धुनने से कोई लाभ नहीं होगा। चाहे छोटा हो या बड़ा, जीवन में कोई-न-कोई सकारात्मक पहलू अवश्य होता है।

पिछले माह, में दिल्ली के एक पंचसितारा होटल में, दो बार रात्रिभोज के लिए गया। वहाँ जाने का सकारात्मक पक्ष यह था कि मैं दिल्ली के अलग-अलग इलाकों में रहने वाले अपने पुराने यार-दोस्तों से मिल सका। नकारात्मक पहलू यह था इस काम में आने-जाने के समय सहित चार घंटे लगने वाले थे। जब तक हम जीवित हैं, हमें सामाजीकरण से जुड़ी गतिविधियों से जुड़ना ही पड़ेगा। कहते हैं न कि 'ऑल वर्क एंड नो प्ले, मेक जैक ए डल ब्वाय' में यहाँ जैक के बजाय 'जोगिंदर' शब्द लिखना चाहूँगा। मैंने मन-ही-मन हिसाब लगा कर देखा कि डिनर के लिए जाना बेहतर होगा। हालांकि, मैंने यह भी तय किया कि दोनों जगह एक-एक घंटे से ज्यादा नहीं रुकूँगा, फिर मैं अपने ड्राईवर के साथ लौट आया।

किसी भी स्थिति के बिगड़ने या भयंकर रूप लेने से पहले ही उसका सामना कर लेना, बेहतर होता है। अपनी राह की जो भी बाधा हो, उसे सबसे पहले हटाने की कोशिश करें। किसी समस्या को अनदेखा करने से वह समाप्त नहीं हो जाएगी, बल्कि इससे अवसाद, अप्रसन्नता व तनाव ही बढ़ेंगे।

हमें हमेशा अच्छे विचारों पर केंद्रित रहने व बेहतर पाने की उम्मीद रखने की आदत डालनी चाहिए। हम प्रायः वही पाते हैं, जो स्वयं से उम्मीद करते हैं। आपको दूसरों की अपेक्षाओं व सलाहों पर जीने के बजाय अपनी इच्छाओं व प्राथमिकताओं पर ध्यान देना चाहिए। यदि आप किसी के विचारों से सहमत नहीं हैं, तो जरूरी नहीं कि आप उन्हें मानें।

अपनी महत्त्वाकांक्षा व इच्छा के लिए जीना सीखें। यह भी तय है कि जब आप पूरे मन से कुछ पाना चाहते हैं, तो उसे पाना और भी आसान हो जाता है।

हम सब एक ही दुनिया में, एक ही आकाश तले रहते हैं, चूंकि हम सब अलग-अलग हैं इसलिए हमारे क्षितिज भी अलग हैं।

जीवन में बिना कठिन परिश्रम किए कुछ नहीं मिलता। स्वयं को प्रसन्न, मजबूत या फिर दुःखी बनाए रखना, यह सब हमारे अपने ही हाथ में है।

सौभाग्य उन्हीं के पास आता है, जो इसे चाहते हैं, लेकिन निराशा व दुःख से घबरा कर यह लौट जाता है। कुछ माह पहले, जब मैं नेपाल, काठमांडू से लौट रहा था, तो मेरा विमान एक घंटे लेट था और दिल्ली से जाते समय दो घंटे लेट था। मैंने बिना परेशान हुए पास ही लगे पावर आउटलेट में अपने लैपटॉप का प्लग लगाया और अपना सारा बचा हुआ काम निपटा लिया। मुझे अहसास हो गया था कि खीझने या शिकायत करने से कोई फायदा नहीं होने वाला। मैंने इंतजार के उस समय में, स्वयं को शाम के भाषण के लिए तैयार कर लिया। हम चीजों को जिस रूप में लेते हैं।, उसी के आधार पर, कहीं भी अपना स्वर्ग रच सकते हैं। यदि आप सबसे बेहतर की अपेक्षा रखते हैं, तो आप पाएँगे कि प्रकृति व परिस्थितियाँ भी किसी-न-किसी रूप में आपका साथ देने के लिए तैयार हैं। ●

जीवन में आगे कैसे बढ़ें?

समय का सदुपयोग जीवन में बहुत महत्त्व रखता है। इसके सदुपयोग का एक ही उपाय है; अपने वर्तमान का भरपूर आनंद लें व दीर्घकालीन संबंध विकसित करें। जीवन एक निरंतर चलने वाला प्रसंग है इसलिए मंज़िल तक पहुँचने से पहले रास्ते का भी पूरा आनंद लें।

कोई भी मंज़िल, महत्त्वाकांक्षा का अंत नहीं होती, हमें एक मंज़िल पाने के बाद, स्वयं को दूसरे लक्ष्य के लिए तैयार कर लेना चाहिए, साथ ही अतीत के भार से भी छुटकारा पा लेना चाहिए वरना वही हमें वापिस पीछे खींचता रहेगा।

हमें अतीत को भूल कर आगे बढ़ना चाहिए। हर दिन को एक नए दिन के रूप में लेना चाहिए। लगातार अपने लक्ष्य व उद्देश्य का आकलन करते रहना चाहिए। यह लक्ष्य व्यवसाय, कार्य, नौकरी, परिवार या रुचि आदि किसी से भी संबंधित हो सकता है।

हमें उन गतिविधियों में समय का निवेश करना चाहिए, जो हमारे जीवन में सबसे ज्यादा महत्त्व रखती हों। यह पहल अपने-आपमें किसी बड़ी पूँजी से कम नहीं, जिसे कोई भी पा सकता है। जीवन में कहीं भी, किसी भी मोड़ पर ऐसी अवस्था नहीं आती, जहाँ पहुँच कर हम कह सकें कि हमें सब कुछ आता है।

हमें निरंतर अपनी क्षमता में वृद्धि करनी होती है। हमें व्यावसायिक रूप से उन्नत होने से पहले और कई प्रकार से विकसित होना होगा। हम सबके पास जीवन में सीमित समय है। यह हम पर निर्भर करता है कि हम किस चीज़ को अपने लिए सबसे महत्त्वपूर्ण मानते हैं। ऐसा नहीं कि मैं रोज़मर्रा के काम नहीं करता, परन्तु मैं अब प्राथमिकता वाले काम करने के बाद ही उन्हें हाथ में लेता हूँ।

यदि रास्ते में दुकान या डिपार्टमेंटल स्टोर आते हैं, तो मैं अपने कामों में खरीदारी भी शामिल कर लेता हूँ। हकीकत तो यह है कि जब तक हम जीवन

व कार्य की प्राथमिकता जान नहीं लेते, तब तक हम उन्हें तय नहीं कर सकते।

फिर हमें ध्यान देना चाहिए कि वे न केवल हमारे जीवन, बल्कि रोजमर्रा का भी एक हिस्सा हों। एक सफल जीवन की सबसे बड़ी कुंजी यही है कि हम अपनी प्राथमिकताओं के साथ जिएँ। हमें हमेशा यह पता लगाते रहना चाहिए कि हम जरूरी कामों पर ध्यान दे रहे हैं या नहीं आप जो भी करते हैं, उसका महत्त्व जानने के लिए प्राथमिकताओं का प्रयोग कर सकते हैं।

कुछ दिन पहले, मुझे एक दिन में तीन मुलाकातें करनी थीं। मैंने मन-ही-मन हिसाब लगाया और एक जगह जाने का विचार बदल दिया। वह एक मॉकटेल पार्टी थी। जहाँ जाने का मतलब था कि शाम के तीन घंटे और आने-जाने के दो घंटे अलग। मैंने मेजबान को विनम्रता के साथ पत्र में बता दिया कि मैं वहाँ क्यों नहीं आ सकता था। कुछ बहाने सच्चे थे, तो कुछ झूठे। हमेशा 100 प्रतिशत सच्चे बने रहना भी काफी मुश्किल होता है। यदि किसी पत्र या फोन कॉल से सामाजिक संबंध को बनाए रखा जा सकता है, तो ऐसा क्यों न करें? अक्सर अनजान लोग भी गाहे-बगाहे फोन करते रहते हैं। पहले-पहल मैं हर कॉल का जवाब देता था, फिर चाहे वह किसी की भी क्यों न हो। अब मैं कुछ फोन कॉल्स को अनदेखा भी कर देता हूँ। मैं वही नंबर फोन में रखता हूँ, जिनके जवाब देना चाहता हूँ। ऐसा नहीं कि मैं अहंकारी या घमंडी हूँ, बल्कि अपने समय के बेहतर सदुपयोग के लिए मुझे ये कदम उठाना पड़ता है। मुझे दूसरों के बजाय अपनी प्राथमिकताओं पर जीने में कोई अपराध बोध महसूस नहीं होता। हम तभी अपने लक्ष्यों व मिशन में सफल हो सकते हैं, जब स्वयं को महत्त्वपूर्ण लगने वाले कामों को अपना वक्त दे सकें।

चैंपियन बनने की यही एकमात्र राह है। ऐसा नहीं कि चैंपियन बनने वालों के पास किस्मत, हुनर या धन-दौलत ज्यादा होती है, बल्कि वे तो हमसे कहीं कड़ी चुनौतियों का मुकाबला करते हैं। अध्ययनों से बार-बार यही बात सामने आती है कि रवैया ही हमें सफल या असफल होने में मदद करता है। किसी भी सफलता या उपलब्धि की एक कीमत होती है। वे ही व्यक्ति असफल होते हैं, जो वह कीमत अदा नहीं कर पाते। आप अपने निरंतर प्रयत्नों व दृढ़ता के बल पर ही बड़ी-से-बड़ी बाधा या चुनौती का मुकाबला कर सकते हैं। कई व्यक्ति पहली बाधा या असफलता सामने आते ही हार जाते हैं, किंतु चैंपियन कभी हार नहीं मानते हममें से प्रत्येक एक चैंपियन बन सकता है, बशर्ते उसे मंज़िल तक पहुँचने की कीमत चुकानी होगी। ●

अपनी सफलता को पेटेंट कैसे करें?

हमें जीवन में उन छोटी-मोटी समस्याओं व माँगों का भी ध्यान रखना होगा, जो अनदेखा किए जाने पर बड़ा रूप ले सकती हैं। जैसे अगर आप पूरे एक सप्ताह तक मैले कपड़ों का ढेर लगाते रहें, तो यह कपड़े धोने वाले के हौसले पस्त कर देगा।

हम सब प्राय: अपने आस-पास ही, सामान जमा करते जाते हैं, चाहे वे रोज़ की डाक हो या अखबार, चाय या कॉफी के खाली कप हों या कोई दूसरा सामान। मैं भी प्राय: खाली जगह पाते ही कहीं भी सामान रख देता हूँ।

अब मैंने अपने हर समान की जगह तय कर ली है। मैंने सोच लिया है कि उन्हें सही जगह पर ही रखना है। ऐसा करने में एक मिनट से ज्यादा वक्त नहीं लगता, पर हर स्थान साफ-सुथरा दिखता है। चारों तरफ बिखरे कागजों के कारण काम की उत्पादकता भी प्रभावित होती है। इस तरह से मुझे सामान की खोजबीन में भी समय नष्ट नहीं करना पड़ता।

प्रत्येक गतिविधि का उद्देश्य तो यही है न कि वह आपको आपके लक्ष्य तक ले जाए और किसी भी लक्ष्य पर काम किए बिना, उसे पाया नहीं जा सकता। हममें से बहुत से लोग कई काम शुरू करते हैं, पर किसी-न-किसी वजह से उन्हें पूरा नहीं कर पाते।

हमें ध्यान रखना चाहिए कि मेहनत के बिना लक्ष्य तक पहुँचना असंभव है। यह कोई जादुई खेल नहीं है। हो सकता है कि आपको काम शुरू करने से पहले उससे जुड़ी चुनौतियों का पता न चले। हमें बदलते हालात व चुनौतियों के लिए खुद को पहले से तैयार रखना होगा अन्यथा हम वहीं रह जाएँगे, जहाँ से चले थे।

किसी भी परियोजना को पूरा करने के लिए सजग व सचेतन प्रयासों की आवश्यकता होती है। आपको अपनी महत्त्वाकांक्षा की पूर्ति के लिए पर्याप्त संसाधन जुटाने होंगे। प्रत्येक परियोजना के लिए संसाधन तथा मानव श्रम

नियोजन बहुत महत्त्व रखते हैं। हालांकि, कोई भी परियोजना इतनी विस्तृत नहीं होती कि वह सब कुछ अपने में शामिल कर सके।

वैसे बेहतर होगा कि आप खाली बैठने के बजाय उसका कोई आरंभिक बिंदु व खाका तैयार करें। यह एक मैराथन आरंभ करने की तरह है, जहाँ आपके पास फिनिश लाइन से पहले एक शुरुआती बिंदु होना चाहिए।

अधिकतर लोग बिना किसी पहले से तैयार किए खाके के महत्त्वपूर्ण परियोजनाएँ शुरू कर लेते हैं। यह परियोजना एक उद्देश्य प्रदान करती है। मैंने पाया कि जब भी मैं बिना किसी उद्देश्य या कार्यसूची व योजना के दिन की शुरुआत करता हूँ, तो उस दिन कुछ नहीं हो पाता। इस उद्देश्यहीनता में; यूँ ही टी.वी. के चैनल पलटना, बेवजह फोन करना या बार-बार कुछ-न-कुछ खाते रहना भी शामिल हो सकता है।

पहले आप लिख लें कि आपको किस तरह के कामों पर एकाग्र होना है। उनमें बाद में संशोधन व सुधार भी कर सकते हैं। यदि किसी काम के लिए बजट भी चाहिए, तो वास्तविक कार्य सीमा के साथ उसे भी तय करें। बजट व संसाधन आपके जीवन लक्ष्यों व कार्य सूची के अनुकूल नहीं है, तो उनका होना कोई अर्थ नहीं रखता। स्वयं से पूछें कि आप जो भी कर रहे हैं, वह आपके लक्ष्यों के अनुकूल है या नहीं हो सकता है कि आपको किसी पार्टी में जाने या लैपटॉप पर बैठ कर काम करने के बीच चुनाव करना पड़ जाए।

जीवन पूरी तरह से तयशुदा ढाँचे पर नहीं चल सकता। किसी भी काम को समाप्त करने के लिए समय का सही अनुमान लगाएँ। हो सकता है कि कोई भी अनापेक्षित कार्य या माँग आपका अधिक समय ले ले। यदि आपने अतिरिक्त समय नहीं रखा होगा, तो आपका बुलंद हौसला व जोश वहीं ठंडा पड़ जाएगा।

एक बात और ध्यान में रखें, गैर जरूरी बाधाओं से बचें तथा संपूर्ण आशावादी बनने का भी प्रयास न करें। एक बार मैं पत्नी के साथ किसी लेख या पुस्तक लिखने के विषय में चर्चा कर रहा था, वे भारत सरकार के प्रकाशन विभाग की प्रमुख रह चुकी हैं। वे उसकी अधिकारिक व प्रमुख प्रकाशक थीं। उन्होंने कहा कि किसी भी लेख को दो बार से अधिक न दोहराएँ और न ही सुधारें। यदि संपूर्णतावादी बनने की कोशिश की, तो फिर से पहले ड्राफ्ट पर आ जाएंगे।

आपने किसी भी काम को सबसे बेहतर तो देना है, किंतु संपूर्ण बनने की चाह छोड़नी होगी, तभी किसी भी कार्य में सफलता की 100 प्रतिशत दर पा

सकते हैं। हमारा उद्देश्य यही होना चाहिए कि अपनी पूरी योग्यता के साथ परियोजना को पूर्णता प्रदान करें।

ईश्वर के सिवा, कोई भी संपूर्ण नहीं होता। हमें अपने लक्ष्य पूर्ति की राह में आने वाले अनेक दावों का त्याग करना होगा। आप स्वयं अपने मापदंडों द्वारा तय कर सकते हैं कि क्या कोई गतिविधि आपके लिए सार्थक है। पिछले माह मुझे एक सेमीनार को संबोधित करना था, अगली पुस्तक के लिए प्रकाशक से भेंट करनी थी व सामाजिक रूप से, एक मित्र से भी मिलना था। मैंने संबोधन के तुरंत बाद प्रकाशक से भेंट की, जो कि पहले से ही तय हो चुकी थी, फिर मैं सामाजिक समारोह में चला गया। इस तरह मैंने एक ही दिन में तीन काम निपटा दिया अन्यथा अगले तीन दिन तक घर से निकलना पड़ता व आने-जाने में भी समय नष्ट होता। मैंने इन तीन गतिविधियों के मेल से सब कुछ एक साथ निबटा दिया। उन तीनों कार्यक्रमों को अनदेखा करना मुश्किल था, किंतु उन तीनों के सुंदर मेल से मैंने अपना समय बचाया।

लक्ष्यों की राह में आने वाली बाधाएँ कितनी ही बड़ी क्यों न हों, उन्हें अपने ऊपर हावी न होने दें। यह कार्य केवल हमीं कर सकते हैं, हमारे सिवा कोई नहीं कर सकता। हमारे जीवन का अंतिम उत्तरदायित्त्व तो हमारा ही है।

●

चरित्र विकास से व्यक्तित्व का विकास कैसे करें?

किसी भी व्यक्ति का व्यक्तित्व, चारित्रिक विशेषताओं व गुणों का मेल होता है, जो किसी भी व्यक्ति को अनूठा बनाता है। ये विशेषताएँ ही किसी व्यक्ति को आकर्षक, मनोहर, बौद्धिक, अंतर्मुखी, बहिर्मुखी या गंभीर की संज्ञा देती हैं। हम अपनी राह में आने वाली कठिनाइयों, वातावरण, बोध व परिस्थितियों के आधार पर अपने व्यक्तित्व को बदलते या विकसित करते हैं। हमारा व्यक्तित्व विविध आधारभूत विशेषताओं का मेल है, जिनसे किसी व्यक्ति का संपूर्ण व्यक्तित्व बनता है।

प्रत्येक स्थिति हमारे व्यक्तित्व को रूपांतरित कर सकती है। इसका हमारी छवि, रवैये, आचरण तथा व्यवहार से प्रतयक्ष संबंध होता है। हमें एक ऐसा व्यक्तित्व विकसित करना है, जो जीवन में विजेता बन सके ताकि हम व्यावसायिक तथा सामाजिक जीवन में लोगों को आकर्षित व प्रभावित कर सकें।

हमारे चरित्र द्वारा प्रभावित एक अच्छा व्यक्तित्व, जीवन में आगे बढ़ने का अवसर देता है। किसी व्यक्ति का व्यक्तित्व केवल उसकी शारीरिक छवि, उँचाई, वजन, सामाजिक या अधिकारिक स्तर से नहीं जुड़ा होता। निःसंदेह शारीरिक छवि का अपना महत्त्व है, किंतु उसकी भी एक सीमा है, चरित्र, व्यवहार तथा प्रवृत्ति जैसी अन्य महत्त्वपूर्ण शारीरिक विशेषताएँ किसी भी व्यक्तित्व का आधार होती हैं। व्यक्तित्वों को विभिन्न श्रेणियों में बाँटा गया है:

बहिर्मुखी, रुचिकर, कर्तव्यनिष्ठ, न्यूरोटिव व अनुभव के प्रति मुक्त

बहिर्मुखी व्यक्ति सामाजिक होते हैं, वे ऊर्जा तथा उमंग से भरपूर व कार्य-केंद्रित होते हैं व इसके विपरीत अंतर्मुखी व्यक्ति में जीवंतता व ऊर्जा की कमी होती है।

रुचिकर हमारे विविध आत्म-हितों, रुचियों व कल्याण को दर्शाता है। कर्तव्यनिष्ठ व्यक्ति भावात्मक रूप से प्रतिक्रियावादी होते हैं तथा किसी खास नकारात्मक भाव से ग्रस्त हो सकते हैं।

अनुभव के प्रति आग्रही व मुक्त व्यक्ति सृजनशील, कल्पनाशील, उत्सुक व बौद्धिक होते हैं, हमारा व्यक्तित्व किसी एक विशेषता से प्रभावित नहीं होता। हमारी तयशुदा भावनाओं व विचारों का भी प्रभाव पड़ता है। हमारा व्यक्तित्व इस बारे में भी केंद्रित होता है कि हम अपने आवेगों व इच्छाओं को कैसे नियंत्रित करते हैं? कर्तव्यनिष्ठ व्यक्ति बुद्धिमान, संगठित व दृढ़ मत वाले होते हैं।

व्यक्तित्व एक ऐसे घर की तरह होता है, जो किसी मजबूत बुनियाद पर ही टिक सकता है। कोई व्यक्त्वि किसी दूसरे को तभी प्रभावित कर सकता है, जब उसके मूल्यों व संस्कारों की जड़ें काफी गहरी हों। जीवन में चरित्र व मार्केटिंग का कपट अधिक देर तक नहीं चलता। इनका कोई दीर्घकालीन अस्तित्व नहीं होता।

दावा चाहे जो भी हो, तथ्य तो यही है कि हमारे श्रेष्ठ व्यक्तित्व गुण, चरित्र के ठोस आधार पर ही टिके होते हैं। हमें अपने व्यक्तित्व के विकास के लिए, अपने व्यवहार, संप्रेषण, कौशल, अंतः परस्पर संबंधों, जीवन के प्रति रवैये, मूल्यों व नैतिक मूल्यों में सुधार लाना होगा।

व्यक्तित्व ही किसी व्यक्ति को सबसे अद्‌भुत, अनूठा व अद्वितीय बनाता है। हमें दृढ़ संकल्प के साथ व्यक्तित्व को बेहतर बनाने का बीड़ा उठाना होगा। सबसे पहले तो हमें दूसरों द्वारा बनाए गए रास्तों को छोड़ कर, अपना रास्ता खुद ही चुनना होगा क्योंकि हम सभी अपने-आप में अनूठे हैं तथा सभी के विशिष्ट लक्ष्य होते हैं।

व्यक्तित्व निखार के लिए आपको कड़ा परिश्रम करना होगा। यह कोई ऐसा कार्य नहीं, जिसे एक बार करके भूल जाएं, बल्कि इस पर निरंतर कार्य करना है। व्यक्ति को स्वयं ही तय करना होगा कि उसे अपने चरित्र निर्माण के लिए किन क्षेत्रों पर केंद्रित होना है तथा यह किन क्षेत्रों में सुधार की गुंजाइश है। व्यक्तित्व के विकास के लिए यही पहला कदम है। स्वयं को सपने में भी ऐसा न कहें कि आप यह काम नहीं कर सकते। यदि ऐसा करते हैं, तो इसका अर्थ है कि आप स्वयं को सीमित कर रहे हैं 'मैं कर सकता हूँ/सकती हूँ' का रवैया विकसित करें व अपने ऊपर विश्वास रखें, फिर सब

कुछ अपने-आप होता चला जाएगा। आप कुछ भी कर सकते हैं, यह भरोसा ही तो सफलता की राह में सबसे महत्त्वपूर्ण चरण है। कभी भी स्वयं को यह परामर्श न दें कि आप यह लक्ष्य नहीं पा सकते। अपने जीवन से 'नहीं' शब्द को ही निकाल दें।

निरंतरता, किसी भी कार्य को सफल बनाने की कुंजी है। अपने अतीत के गुलाम न बनें और अपने जीवन तथा व्यक्तित्व विकास से जुड़े किसी भी महत्त्वपूर्ण कार्य को कल पर न टालें।

किसी कार्य में व्यस्त होना तथा किसी काम में मन न लगना; दोनों बिल्कुल अलग बातें हैं। आपके मन को पता होना चाहिए कि उसे मूड की गुलामी नहीं करनी। बेशक, आप अपने स्वास्थ्य पर काबू नहीं रख सकते, लेकिन अपने आवेगों, भावनाओं व क्रोध पर तो काबू पा ही सकते हैं।

चरित्र का विकास करना हो या व्यक्तित्व निर्माण, श्रेष्ठ परिणाम पाने के लिए अभ्यास करना बहुत महत्त्व रखता है। निरंतर अभ्यास से ही आप जीवन के किसी भी पहलू में सुधार ला सकते हैं; जिस तरह खिलाड़ी प्रतिदिन अभ्यास करते हैं; इसी अभ्यास के बल पर वे ओलंपिक मैडल जीत सकते हैं। इसी प्रकार चरित्र तथा व्यक्तित्व विकास भी इतना सरल नहीं, इसमें पग-पग पर बाधाएँ आएँगी, उस समय आप आसानी से सुविधाजनक विकल्प के लोभ में फँस सकते हैं।

लक्ष्य से पीछे हटा एक कदम, आपको नीचे ला सकता है। हम सबके भीतर दृढ़ चरित्र के साथ व्यक्तित्व विकास की असीम संभावनाएँ छिपी हैं, किंतु आपको उन्हें पहचान कर, विकसित करना होगा। इसके लिए अपनी क्षमताओं, विचारों व आदर्शों का प्रयोग कर सकते हैं। चरित्र तथा व्यक्तित्व निर्माण एक व्यक्तिगत मामला है। इसे कोई बना या बिगाड़ नहीं सकता। मानसिक व शारीरिक रूप से सशक्त व्यक्ति ही असफलता को सफलता में बदल सकता है।

कोई भी, किसी दुर्बल तथा असफल व्यक्ति को एक शक्तिशाली व्यक्ति में नहीं बदल सकता। यह काम तो आपको स्वयं ही करना होगा। याद रखें कि चरित्र वह प्रकाश है, जो सूर्यास्त होने पर भी अपनी रोशनी बिखेरता है। यह वह शक्ति है, जिसके माध्यम से हम हारी हुई बाजी भी जीत सकते हैं।

●

अपने लिए जगह कैसे बनाएँ?

आपकी प्रत्येक गतिविधि का एक महत्त्वपूर्ण पहलू यह जानना भी होना चाहिए कि क्या वह आपके लक्ष्यों से कुछ संबंध रखती है या नहीं? आपको अपने निर्णयों व कार्यों का उत्तरदायित्त्व लेना ही होगा।

जीवन में किसी भी उद्देश्य को साकार करने के लिए उत्पादकता की आवश्कता होती है। आप जो भी करें, वो आपके उद्देश्य के अनुकूल होना चाहिए। यह आपके विचारों को मूर्त रूप देने में भी सहायक होना चाहिए।

नैतिक रूप से संपूर्ण बनना चाहते हैं, तो अपना स्वाभिमान बनाए रखें, आपके द्वारा चुने गए मूल्य, निरंतर जीवन में लागू होने चाहिए।

बेहतर होगा कि आप दैनिक या फिर साप्ताहिक रूप से अपनी गतिविधियों के आकलन द्वारा जाँचते रहें कि वे उद्देश्यों के अनुकूल हैं या नहीं। प्रत्येक व्यक्ति को स्वयं ही तय करना चाहिए कि उसकी रोजमर्रा की गतिविधियाँ क्या होनी चाहिए, लेकिन महत्त्वपूर्ण यह है कि आपकी दैनिक गतिविधियों का अल्प व दीर्घकालीन लक्ष्यों से हमेशा संबंध होना चाहिए। इसके लिए मैं विस्तृत रूप में कंप्यूटर का प्रयोग करता हूँ। दूसरों को भेजे जाने वाले पत्र व संप्रेषण आदि उसी के माध्यम से होते हैं। पिछले माह मेरे प्रिंटर का इंक कार्टेज खत्म हुआ, तो किसी और व्यक्ति को भेजने के बजाय मैं अपने सैक्रेटरी के साथ खुद मार्केट गया व कार्टेज लाया ताकि जरूरी पत्र संबंधित व्यक्तियों तक पहुँच सकें।

साथ ही मैंने यह भी ध्यान दिया कि उस ओर से होने वाली खरीदारी भी साथ ही निपटा लूँ, ताकि मुझे वहाँ दोबारा न जाना पड़े। हम ही अपनी जीवन रूपी नौका के नाविक हैं, जिस तरह कोई कप्तान या नाविक अपनी मर्जी से योजनानुसार नाव या जहाज का संचालन करता है, वही योग्यता हममें भी होनी चाहिए।

एक बार एक युवा नाविक ने वृद्ध समुद्री कप्तान से पूछा, "तूफानी हमलों व खतरनाक समुद्री चट्टानों का सामना करते हुए भी आप सही राह कैसे चुन पाते हैं?"

कप्तान ने कहा, "आप अपने काम किस तरह करते हैं, वह आपके जीवन व काम करने के दर्शन पर होता है" अतः सबसे पहले तो मैं ऐसी योजना और पूर्व तैयारी के साथ चलता हूँ कि मैं ऐसी किसी स्थित में ही नहीं पड़ता।

हकीकत में हमें न केवल पूरे जीवन के लिए, बल्कि रोजमर्रा के लिए भी एक ब्लूप्रिंट की जरूरत होती है। यह सब करने में प्रतिदिन दस मिनट से ज्यादा समय नहीं लगता। यह हम पर निर्भर करता है कि इसे रात को सोने से पहले तैयार करना है या फिर सुबह जल्दी उठकर। वैसे मैं यह काम रात को करता हूँ। तकरीबन आधी रात तक, जो भी याद आता जाता है, सूची में शामिल कर देता हूँ। फिर मैं खास कामों को सबसे पहले करता हूँ फिर थोड़े कम महत्त्वपूर्ण कामों पर ध्यान देता हूँ।

हम लोग अक्सर सबसे जरूरी कामों के बजाय आसान कामों में हाथ डाल लेते हैं। जब तक हम जरूरी काम तक पहुँचने की सोचते हैं, दिन बीत जाता है, तब हमें खालीपन और असंतुष्टि का अहसास होता है। हमें स्वयं को तथा हमारे उद्देश्य को छोटी-छोटी बाधाओं का शिकार नहीं होने देना चाहिए। दिन के अंत में, आपके द्वारा किए गए महत्त्वपूर्ण कार्य ही, तो आपकी सफलता या असफलता को तय करेंगे।

आप दिन के 24 घंटों को 25 या 30 घंटों में तो नहीं बदल सकते, किंतु लक्ष्यों की राह में जाने वाली गैर जरूरी गतिविधियाँ तो घटा ही सकते हैं। मैं अक्सर कई मुलाकातियों से फोन पर ही बातचीत कर लेता हूँ।

मैं उन्हें विनम्रता से कहता हूँ कि उन्हें द्वारिका आने में आधा दिन लग जाएगा इसलिए बेहतर होगा कि वे फोन से ही बात कर लें। मैं उन्हें पत्र लिखने या ई-मेल भेजने की भी सलाह देता हूँ। यदि कोई पत्र या मेल बेतुकी, विवादित या बेहूदी न हो तो मैं जवाब भी जरूर देता हूँ।

इस तरह मैं अपना समय बचाने के साथ-साथ दूसरों का वक्त बचाने में भी सहायक होता हूँ। निःसंदेह मुझे अपने समय की बहुत कद्र है, मैं इसे हर कीमत पर नष्ट होने से बचाता हूँ। यदि मैं कहीं जा न पाऊँ तो टेलीफोन या ई-मेल द्वारा वादा निभाता हूँ या सैक्रेट्री मेरे नाम पर ऐसा करता है। यदि मैं किसी के यहाँ डिनर पर भी जाऊँ, तो मेजबान को पहले ही बता देता हूँ कि मैं वहाँ कितनी देर रुकूँगा, यह समयावधि 60 मिनट से ज्यादा नहीं होती।

दूसरी खास बात यह है कि आपको अपनी जानकारी के विस्तार में भी समय लगाना चाहिए। मैं स्वयं को विभिन्न क्षेत्रों में अपडेट रखने व प्रोत्साहित

करने के लिए प्रतिदिन ऐसा करता हूँ। यहाँ तक कि सुबह की सैर के दौरान भी मैं अपने डिजीटल रिकॉर्डर पर अच्छे प्रेरक टेप सुनता हूँ। मेरे कई रिकॉर्डर टेप 200 घंटे की रिकॉडिंग क्षमता वाले हैं व कुछ तो इससे भी अधिक हैं।

दिन के अंत में, मैं आमविश्लेषण करते हुए, स्वयं से प्रश्न पूछता हूँ कि क्या मैं आज कुछ और बेहतर कर सकता था? मैं स्वयं से पूछता हूँ कि क्या मैंने अपना समय उन गतिविधियों में लगाया, जो मेरे लिए बिल्कुल महत्त्व नहीं रखती थीं?

एक दूसरी चीज़ यह भी है कि इंसान होने के नाते हमें थकान भी होती है। मैं भी अपने ऊर्जा के स्तर को बहाल करने के लिए आराम करता हूँ। कुछ मिनटों का आराम मुझे बाकी दिन के लिए तरोताजा कर देता है। मैं ऐसा कोई दावा नहीं करता कि मैं आराम किए बिना, अपनी पूरी उत्पादकता व क्षमता के साथ घंटों काम कर सकता हूँ। अपनी 37 वर्ष की सरकारी सेवा के दौरान भी मैं लंच करने के बाद 20 मिनट आराम लेता था और देश के प्रधानमंत्री के सिवा कोई भी मुझे (सीबीआई, निदेशक) उस समय तंग नहीं कर सकता था।

यह बात सभी मनुष्यों पर लागू होती है, चाहे वे मानें-न-मानें। चुनौतियों से पार पाने व नई ऊँचाईयों तक जाने के लिए जरूरी है कि हम बाधाओं को हंस कर पार करें। उन्हें देखने के नजरिए पर ही सब निर्भर करता है। सफलता का कोई शार्ट कट नहीं होता।

●

अपने हितों व अपने समय का बचाव कैसे करें?

मैं मानता हूँ कि कोई दोस्त साथी या कोई अजनबी भी यदि मुझसे किसी काम की विनती करता है तो मैं 'हां' ही कहता हूँ। मेरी यही भावना होती है कि लोगों के साथ संबंध जुड़ सकें। अगर पूरी मदद न भी दे सकूँ, तो यथासंभव सहायता देने की कोशिश करता हूँ। मेरी कोशिश यही होती है कि किसी को मायूसी न हो। किसी के साथ मेरे संबंधों पर गलत असर न पड़े। संभवतः, ज्यादातर लोग यही महसूस करते हैं।

हालांकि 'हाँ' कहना आसान होता है, लेकिन यह जवाब हमेशा बेहतर नहीं होता। जब हम किसी व्यक्ति को 'हाँ' कहते हैं, तो अपने सहित किसी दूसरी चीज़ को 'न' कहते हैं। 'न' कहने की तरह 'हाँ' कहने में भी कई बाधाएँ हैं।

जैसे दोस्तों के साथ फिल्म देखने जाने के लिए 'हाँ' तो कह दिया, लेकिन आप उस समय अपने काम या वार्षिक परीक्षा की तैयारी करते हैं, तो आप समाजिक और पारिवारिक जीवन को 'न' कह रहे हैं। एक प्रकार की गतिविधियों में समय बिताकर, आप स्वयं को दूसरे प्रकार की गतिविधियों से वंचित कर रहे हैं।

हमारा प्रयास यही हो कि हम उन्नति के मार्ग पर अग्रसर हों। हमें ऐसे कार्यों में लिप्त नहीं होना चाहिए, जो हमारे सपनों व लक्ष्यों से मेल न खाते हों। आपको उन दोस्तों, संबंधों या मित्रता को 'न' कहना सीखना होगा, जो आपको आगे नहीं जाने देते। यदि कोई संबंध आपके अनुकूल नहीं, तो उससे अलग होने में ही भलाई है। इस तरह आप एक-दूसरे की राह में भी नहीं आएंगे।

यदि कोई चीज़ आपके उद्देश्य से मेल नहीं खाती है तो ऐसी गैरजरूरी बातों को 'न' कहने में ही भलाई है।

आपको ऐसी छोटी-मोटी क्रियाओं का हिस्सा नहीं बनना चाहिए, जो आपके जीवन की गुणवत्ता में कोई सुधार न ला सकें व समय नष्ट करती हों।

गतिविधियों को महत्त्वाकांक्षाओं के अनुरूप बनाएँ। यदि कोई चीज़ आपकी महत्त्वाकांक्षा को साकार करने में सहायक नहीं, तो उस पर समय व ऊर्जा न लगाएँ।

याद रखें, केवल कुर्सी पर बैठकर, लक्ष्यपूर्ति से मिलने वाले आनंद की कल्पना से आपको सफलता नहीं मिलेगी, आपको उसे साकार करना ही होगा।

उद्‌देश्य की राह में कई ऐसे अवसर आएँगे, जहाँ केवल एक 'न' नहीं, बल्कि आपको कई मौकों पर 'न' कहना होगा।

बेहतर होगा कि आप आज से लेकर पूरे महीने का कैटलॉग बना लें कि आपने किन चीजों को 'हां' या 'न' कहना है। महीने के आखिर में आपके सामने साफ तस्वीर आ जाएगी कि आपने किन हालात में 'हाँ' कहा, जहाँ 'न' कहना कहीं बेहतर होता।

आपको ऐसे लोगों के हामी नहीं भरनी जो आपको मान-इज्जत नहीं देते या आपको नहीं सराहते, ऐसे व्यक्ति या गतिविधियों को हां कहना, समय की बरबादी होगी।

मुझे पिछले माह, बंगलौर से एक विवाह का निमंत्रण आया। मेजबान ने फर्स्ट क्लास का एयर टिकट भेजा था और पंचसितारा होटल में कमरा आरक्षित था। मैं मेजबान से एक बार मिला था व दो बार फोन पर बात हुई थी। जिस व्यक्ति को मैं अच्छी तरह जानता तक नहीं था या भविष्य में मिलने की भी संभावना तक नहीं थी, उसके यहाँ जाना तीन दिन की बरबादी ही होता। मैंने विनम्रता के साथ एक पत्र लिखकर और उसके साथ एक चैक भेज दिया व एक उपयुक्त कारण भी दे दिया कि मैं विवाह में क्यों नहीं आ सकता था।

तकरीबन कार्यक्रमों के मेजबान यही चाहते हैं कि वे मेरे साथ कुछ तस्वीरें खिंचवा लें ताकि दूसरों को दिखाकर रौब जमा सकें। आजकल सामयिकता का यह अर्थ रह गया है।

मेरी कोशिश यही रहती है कि किसी भी सामाजिक समारोह या कार्यक्रम में 45 मिनट से अधिक न लगाऊँ। मुलाकात व तस्वीरें खिंचवाने की औपचारिकता के बाद, मैं वहाँ से निकल जाता हूँ। मैं मेजबान को पहले ही बता देता हूँ मैं वहाँ कितना समय बिता सकता हूँ। यह सब

इसलिए करता हूँ ताकि अपने मनपसंद कार्यों व सपनों को साकार करने के लिए वक्त निकाल सकूं।

यदि आप ही अपने लक्ष्यों या सपनों की परवाह नहीं करते तो कौन करेगा? अपने आप से 'हाँ' कहना और गैर जरूरी बातों के लिए 'न' कहना, एक निरंतर चलने वाली प्रक्रिया है। यह एक बार में किया जाने वाला प्रयास नहीं है। कोई भी आग्रह सामने आए, तो आलोचनात्मक रूप से जाँचें कि उसे 'हाँ' या 'न' कहने के क्या नतीजे होंगे। याद रखें कि अगर कोई चीज़ हमारे हितों, रुचियों या लक्ष्यों से मेल नहीं खाती तो हमें उसे नकारने का पूरा हक है। यही अपने जीवन को भरपूर जीने, अपने हितों व समय की बचत करने का एकमात्र उपाय है। ●

जो बीत गया, उसे कैसे बीत जाने दें?

परिवर्तन तो जीवन का अपरिहार्य नियम है। चाहे हम चाहें, न चाहें। यह तो अवश्य होगा ही। जो नेता बदलते वक्त के साथ नहीं बदलते, वे बदलाव के वाहक या नेता नहीं रहते। बँधा हुआ मन, किसी भी परिवर्तन की राह में बाधा होता है। यह न केवल नेताओं, बल्कि उनके साथ काम करने वालों व हमारे लिए भी उतना ही प्रासंगिक है।

यह भी बिल्कुल सच है कि वक्त के साथ न बदलने वाले, कहीं पीछे छूट जाते हैं। सौभाग्य न केवल वीरों का साथ देता है, बल्कि उनका भी साथ देता है जो किसी भी नए बदलाव के लिए तैयार होते हें।

टाइपराइटर मशीनें आने से पहले, सभी सरकारी रिपोर्ट व आदेश हाथ से ही लिखे जाते थे। प्रिंटिंग प्रेस व टाइपराइटर के आगमन से एक नई क्रांति आई। यह उन्नीसवीं तथा बीसवीं सदी के आरंभ की बात है, फिर इलैक्ट्रिक और इलैक्ट्रॉनिक टाइपराइटरों ने लिखित संप्रेषण की कला को और भी निखारा।

अब टाइपराइटर बीते युग की बात हो गई। यदि अपवाद छोड़ दें तो यह केवल संग्रहालय में पाए जाते हैं। कंप्यूटर व लैपटॉप तथा बिजली की गति से जाने वाले ई-मेल आने के बाद से, न केवल काम के तौर-तरीकों में अंतर आया है, बल्कि अपेक्षित गति में भी वृद्धि हुई है। मैं एक संगठन के आग्रह पर यू.एस.ए. गया था, ज्यों ही मैंने उन्हें अपना पासपोर्ट ई-मेल किया उसके कुछ सैकेंड बाद ही मेरे पास एयर टिकट आ गए।

हमें न केवल स्वयं बदलाव के प्रति आग्रही होना चाहिए, बल्कि अपने साथ काम करने वालों को भी नए प्रशिक्षण पाने का भरपूर अवसर देना चाहिए, ताकि वे भी पूरी सक्षमता के साथ काम कर सके। हमारा काम या व्यवसाय कोई भी क्यों न हो, बदलाव के प्रति अग्रसक्रिय रहने में ही भलाई है।

मैं मानता हूँ कि हममें से बहुत से लोग आज भी ऐसे हैं, जो परिवर्तन के लिए अपना विरोध जताते हुए कहते हैं कि वर्तमान व मौजूदा सुविधाएं

हमारे काम के हिसाब से काफी अच्छे व सुविधापूर्ण हैं। एक वक्त था, जब स्वयं मैं टाइपराइटर छोड़ कर कंप्यूटर का सबसे बड़ा हिमायती बन गया। मुझे अहसास हो गया था कि यदि आप प्रगति चाहते हैं, तो आगे बढ़ें, आपको परिवर्तन को अपनाना ही होगा।

बदलाव के साथ चल कर ही, हम खुद को मजबूती दे सकते हैं। केवल कब्र ही एक ऐसी जगह है, जहाँ इंसान के लिए किसी बदलाव की गुंजाइश नहीं है। बदलते हालात व जरूरतों के हिसाब से न बदलने वाला इंसान, ठहरे पानी की तरह हो जाता है। कुछ ऐसी बातें भी होती हैं, जो हम दुनिया में, दूसरों में यहाँ तक कि अपने आप में भी पसंद नहीं करते।

यदि हम उन्हें बदल नहीं सकते, तो अपने मन की शांति के लिए हमें उनके प्रति सोच बदल देनी चाहिए। हमारा जीवन वैसा ही बनता है, जैसी हमारी सोच इसे बनाती है। यदि आप प्रतियोगी दुनिया से स्वयं को अलग रखना चाहते हैं, तो आपको किसी बदलाव की आवश्यकता नहीं है। हमें मान लेना चाहिए अच्छे व बुरे दोनों तरह के हालात, चक्रीय रूप में बदलते हैं।

हम मनचाहे स्थान पर पहुँचने के लिए जो कीमत अदा करते हैं, हमारा जीवन उसी के अनुसार बनता है। वे व्यक्ति अथवा वृक्ष ही जीवित रह पाते हैं जो प्रतिकूल परिस्थितियों में भी स्वयं को ढालने की क्षमता रखते हैं। बेहतरी के लिए बदलाव लाना चाहते हैं, तो आपको वर्तमान से असंतुष्ट होना ही होगा। जीवन में बदलाव का एक ही तरीका है कि आप लगातार इसे नया रूप देते रहें।

मैं अक्सर 'परिवर्तन' के विषय पर एक बहुत प्यारी प्रार्थना पढ़ता हूँ, जिसका भावार्थ है, "हे ईश्वर! मुझे परिवर्तन लाने का व जिन व्यक्तियों तथा परिस्थितियों को बदला नहीं जा सकता; उन्हें स्वीकारने का साहस दे, इनके अंतर को जानने का विवेक भी प्रदान कर।" पिछली भूलों में सुधार के लिए, हमारी पहल में किसी भी तरह का बदलाव हमें किसी भी हालात में सुधार का एक दूसरा मौका देता है। हमारा भविष्य हमीं पर टिका है, कोई भी बुद्धिमान या साहसी व्यक्ति भविष्य के हाथों खिलौना नहीं बनता।

कुछ भी हमेशा एक-सा नहीं रहता, जिस तरह दो व्यक्ति एक ही चीज़ को एक तरह से नहीं परखते। यहाँ तक कि विविध परिस्थितियों में एक ही व्यक्ति की राय भी बदल जाती है। हमें न केवल समय के साथ बदलना पड़ता है, बल्कि नए आविष्कार भी करने होते हैं। जब हालात बिगड़ जाएँ, तो उन्हें

जुगत से सँवारना पड़ता है। हम जो भी कर रहे हों या हमें करना पड़े; उसी में प्रसन्नता की तलाश ही एक अच्छी पहल है। हमें अप्रसन्न नहीं रहना चाहिए क्योंकि हालात बदलते रहते हैं। रोने, पछताने या सिर धुनने से दु:ख, मायूसी व निराशा के सिवा कुछ हाथ नहीं आता।

एक बार मैंने अपने एक मित्र से छोटी-सी मदद माँगी, जो उसके कार्य क्षेत्र से संबंधित थी। उसने उल्टा मुझे ही एक लम्बा चौड़ा भाषण पिला दिया कि किस तरह वह काम मेरे लिए ठीक नहीं था। मैंने उसके लिए बहुत कुछ किया था व उसे पिछले पाँच दशकों से जानता था। मैं नाराज़ हो गया और उससे तकरीबन दस साल तक बोलचाल बंद रखी। फिर उसने मुझे अपने बेटे के विवाह का न्यौता भेजा। तब तक मैं उसके उस बर्ताव को भूल गया था, जब हम दोबारा मिले, तो मैं उस घटना को पूरी तरह भुला चुका था। मैं उससे पूरी गर्मजोशी से मिला जैसे कि हम दोनों के बीच कुछ हुआ ही नहीं था। हमारे भाव भी परिवर्तनशील हैं। हमें उनका गुलाम नहीं बनना चाहिए। हमारा प्रयास यही हो कि व्यक्तियों तथा मामलों से सही तालमेल बना रहे। प्रतिदिन स्वयं को याद दिलाएँ कि ईश्वर ने आपको क्या-क्या दिया है; जैसे अच्छी सेहत, अच्छा पद, एक प्यारा परिवार, रहने को अच्छा स्थान, कुछ स्नेही मित्र व संबंधी।

मैं एक और मित्र के यहाँ विवाह समारोह में गया। वहाँ सौ से ऊपर मेहमान थे, जिनमें से मैं मुश्किल से ऐसे दो व्यक्ति खोज सका, जिनसे मेरी बातचीत हो सकती थी, उनमें से एक मेरा सहपाठी था, जिससे मैं पचास वर्ष बाद मिल रहा था। मैंने उससे बातचीत का मज़ा लिया और फिर थोड़ी देर बाद मेजबान को धन्यवाद दे कर लौट आया। आपको दूसरों की खुशी के लिए, स्वयं को जरूरत से ज्यादा तकलीफ नहीं देनी चाहिए। आपकी प्रत्येक गतिविधि का लक्ष्य 'आनंद' ही होना चाहिए। यह कोई ऐसी चीज नहीं जिसे आप दुनिया या दूसरे लोगों से माँग सकें, बल्कि आपको इसे पाने के लिए मेहनत करनी होगी।

●

अपनी शर्तों पर शानदार तरीके से कैसे जिएँ?

इस दुनिया में कोई भी और कुछ भी संपूर्ण नहीं है। यदि इस ब्रह्माण्ड में सब कुछ संपूर्ण होता, तो सुधार या बेहतर करने की कोई आवश्यकता ही नहीं थी हम सबको अहसास है कि हमारी चीजें व हालात और भी बेहतर हो सकते हैं। यह हमीं पर निर्भर करता है कि हम अपने जीवन, कार्यों व परिस्थितियों को बेहतर कैसे बनाएँ? कोई भी दूसरा हमारे लिए यह सब नहीं करने वाला।

हमारे कार्य, परिवार व जीवन के लिए क्या महत्त्वपूर्ण व अनिवार्य है, यह तय करना ही हमारे जीवन का सबसे खास पहलू है। आपको ही योजना बना कर तय करना है कि आप इस विषय में क्या करने वाले हैं। चाहे आपने कोई कार्य, पहले कितनी भी बार क्यों न किया हो, उसकी योजना बनाना न भूलें। मैं सैंकड़ों यात्राएँ कर चुका हूँ, लेकिन इसके बावजूद घर से बाहर जाते समय, पहले ही सारी तैयारी करना नहीं भूलता। इसमें न केवल कपड़े, बल्कि मेरी सफर की टिकटें, पठनीय सामग्री, लैपटॉप, पर्याप्त नकदी व चैक बुक भी शामिल होती है।

दूसरी महत्त्वपूर्ण बात यह है कि उन बातों के लिए 'न' कहें, जो आप सचमुच नहीं करना चाहते या जो आपकी योजना व कार्यों के अनुकूल नहीं हैं। आपको केवल उन्हीं बातों के लिए हां कहना है, जो आपके जीवन में बहुत मायने रखती हैं। यदि आप किसी समारोह का हिस्सा नहीं बनना चाहते, तो विनम्रतापूर्वक धन्यवाद देने में ही भलाई है। यदि आपने पहले से ही तय कर लिया है कि आप क्या चाहते हैं तथा क्या नहीं चाहते? तो आपके लिए फैसले लेना आसान हो जाएगा कि किसे स्वीकार करना है व किसे 'न' कहना है। आपके पास कारगर विकल्प होने चाहिए, लेकिन साथ ही आपको अपने संघर्षों का भी बुद्धिमतापूर्वक चुनाव करना है। किसी भी काम को करने से पहले जान लें कि आपको उसके लिए क्या कीमत चुकानी होगी?

यदि कोई दूसरा व्यक्ति आपसे किसी काम के लिए 'न' कहता है, तो उसकी बात का भी मान रखें, उसकी स्थिति भी समझें। हो सकता है कि वह भी कोई मुश्किल या परेशानी झेल रहा हो।

याद रखें कि आप केवल अपनी प्रतिक्रिया पर काबू पा सकते हैं, दूसरों की नहीं। जिन बातों पर आप नियंत्रण पा सकते हैं, उन्हें पहचानें व उनके अनुसार आचरण करें। यह भी एक हकीकत है कि बहुत-सी बातें, लोग या हालात ऐसे हैं, जिन पर हम चाह कर भी काबू नहीं पा सकते। इन वास्तविकताओं के खिलाफ किसी भी तरह का विरोध व्यर्थ होगा, बल्कि इससे हमारी निराशा और मायूसी ही बढ़ेगी।

किसी प्रियजन की मृत्यु आदि जैसी कुछ बातें हमारे वश में नहीं, हम इनके लिए कुछ नहीं कर सकते, यह जानने के बावजूद अगर हम इन पर समय व ऊर्जा लगाते हैं, तो यह हमारी भूल है। विकल्प के रूप में हमें उन बातों से अनुभव लेना चाहिए, जिनका हम कुछ नहीं कर सकते। सहजता व शांति से ही हम किसी भी कठिन समस्या हल तलाश सकते हैं।

यह भी सच है कि जीवन की अनेक परिस्थितियाँ हमारे लिए किसी चुनौती से कम नहीं होतीं; जैसे–बुरा जीवन साथी, बेईमान बॉस या कोई कामचोर कर्मचारी। किसी भी युद्ध में हारना बेहद आसान होता है। यदि आप पूरी लगन व दृढ़ता से स्वयं से पूछेंगे कि मुझे क्या करना चाहिए? तो इसका उत्तर अवश्य पाएँगे। यदि किसी दूसरे की मदद कारगर हो सकती है, तो मदद लेने में संकोच न करें। हम सब अपने-अपने मुकाम पर अपनी मेहनत से पहुँचे हैं, लेकिन किसी-न-किसी ने नीचे झुक कर, हमें ऊपर तक पहुँचने में मदद भी दी है। मेरे माता-पिता ने आर्थिक तंगी के बावजूद, मेरे भविष्य को ध्यान में रखते हुए ऐसी शिक्षा प्रदान की कि मैं भारतीय पुलिस सेवा का हिस्सा बन सका, लेकिन यहाँ तक पहुँचने में मैंने भी लगन से पढ़ाई की। यदि बुनियादी रूप से, कभी किसी की मदद की जरूरत हो तो, उसे लेने में संकोच न करें। नीचे नहीं, ऊपर देखें। पीछे नहीं, आगे देखें; अंदर नहीं, बाहर देखें; यही हमारे जीवन की सबसे महत्त्वपूर्ण पहल होनी चाहिए।

दबंग व्यक्तियों से कैसे पेश आएँ

हमें अपने जीवन में दुष्ट व दबंग लोगों का भी सामना करना पड़ता है। वे हमारे सहकर्मियों, पड़ोसियों, मित्रों या फिर बॉस के रूप में हो सकते हैं।

ऐसे व्यक्ति अक्सर आप पर आलोचनाओं की बौछार करते रहते हैं, आपके प्रदर्शन को कोसते हैं, जबकि उनमें नाममात्र की भी सच्चाई नहीं होती इसलिए उनके द्वारा लगाए गए इल्ज़ामों को सच मानने की मूर्खता कभी न करें।

वे इस व्यवहार द्वारा उन व्यक्तियों व घटनाओं को वश में करना चाहते हैं, जो बहुत अच्छा काम कर रहे हैं। इसका किसी के भी प्रदर्शन सुधार से कोई लेना-देना नहीं है। यह निदां खुलेआम या पीठ पीछे हो सकती है। सबसे पहले तो यह जानें कि हो क्या रहा है? क्या यह सब किसी दुष्ट व्यक्ति की अपनी अहं की समस्या है, जिसे वह आप पर थोपना चाह रहा है?

आलोचना व झूठे आरोप उसके हथियार हैं। कई व्यक्ति कह सकते हैं कि वे उन व्यक्तियों की कमियाँ, दुर्बलताएँ या अक्षमताओं के सूचक हैं। वह व्यक्ति केवल आपको शर्मिंदा करना चाहता है या यह चाहता है कि आपको अपराधबोध महसूस हो। उसके पास शिकार की बोलती बंद करने का यही एक साधन है। ऐसे व्यक्ति अक्सर अपशब्दों का प्रयोग करते हैं तथा अभद्र व्यवहार करते हैं, ऐसे व्यक्ति छली, कपटी व धोखेबाज होते हैं।

आपको पता लगाना चाहिए कि आप उनके विषय में क्या कर सकते हैं? तभी आप अपने मन की शांति बरकरार रख सकते हैं। ऐसे व्यक्ति आपको नीचा और खुद को ऊँचा दिखाने के लिए किसी भी हद तक जा सकते हैं।

मुझे भी एक ऐसे व्यक्ति से उलझने का अवसर मिला था। पुलिस को एक फोन करते ही उसकी सारी हेकड़ी जाती रही। हालांकि, उसने झेंप मिटाने के लिए अपने मातहतों द्वारा एक दल भी भेजा, पर उसकी एक न चली। कोई दुष्ट उसी हद तक आपको सता सकता है, जिस हद तक आप उसे जाने देते हैं, उसका प्रमुख लक्ष्य यही होता है कि वह आपको

किस तरह नीचा दिखा सके इसलिए उसे बता दें कि आपको उसका व्यवहार स्वीकार्य नहीं है। आपको आक्रामक हुए बिना, उसे संदेश देना है कि वह अपनी हरकतों से बाज आए। आपको उसकी हद तक नीचे नहीं गिरना है।

उसे साफ शब्दों में समझा दें कि आप उसका आचरण पसंद नहीं करते। याद रखें कि आप उसकी किसी भी तरह की गलत हरकत को मानने या सहने के लिए बाध्य नहीं है।

यदि वह फिर भी बाज न आए, तो संबंधित अधिकारियों से उसकी शिकायत करें। यदि ऐसा लिखित में कर सकें, तो बेहतर होगा। यदि उसने कोई कानून तोड़ा है, तो संबंधित अधिकारी को उसके विषय में अवश्य बताएँ। ऐसे व्यक्ति प्राय: घमंडी होते हैं तथा उन्हें लगता है कि उनके पास ऑफिस व जीवन की सभी समस्याओं के सटीक हल हैं। उन्हें लगता है कि वे दूसरों से बेहतर हैं, उनके पास ऑफिस व दुनिया की सभी समस्याओं का हल है, किंतु वास्तव में वे अपना खालीपन व हीन भावना को छिपाने के लिए ऐसा करते हैं।

प्राय: ऐसे व्यक्तियों को जब लगता है कि उन्हें अनदेखा किया जा रहा है या उनकी सलाह नहीं ली जा रही तो वे घमंडी रवैया दर्शाने लगते हैं, जबकि उस बात का उनसे दूर-दूर तक कोई लेना-देना नहीं होता। वे दूसरों का ध्यान अपनी ओर खींचने के लिए ही यह सब करते हैं, ताकि लोग उन्हें बुद्धिमान समझें।

हो सकता है कि आपको ऐसे लोगों से निपटने के लिए विभिन्न उपाय अपनाने पड़ें। कई लोग इन्हें अनदेखा करते हैं, कई इनका सामना करते हैं, यह सब परिस्थितियों पर निर्भर करता है।

वैसे एक बात तो निश्चित है कि आपको अपनी शांति बनाए रखने के लिए ऐसे व्यवहार को रोकना होगा। उससे कोई लेने-देन न रखें, यदि यह संभव न हो तो संबंध कम-से-कम कर लें। उससे थोड़ी दूरी बनाए रखना ही बेहतर होगा।

दूसरों की विपरीत विशेषताएँ बताते समय संतुलित भाव अपनाएँ। ऐसा नहीं लगना चाहिए कि आप स्वयं को उनसे ऊँचा दिखाने की कोशिश कर रहे हैं। अपने प्रति सच्चे रहें व अपने मूल्यों से नीचे न गिरें।

ऐसे व्यक्ति प्राय: दूसरों से ऊँचा होने का खेल खेलते हैं। वे दूसरों की निंदा की आड़ में, अपनी कमियाँ छिपाते हैं। उनके जाल में न फँसे। वे प्राय: दूसरों

को बौद्धिक व नैतिक रूप से नीचा दिखाने की ताक में रहते हैं। उन्हें लगता है कि वे ही सबसे बड़े विद्वान हैं तथा दुनिया की प्रत्येक समस्या का हल जानते हैं।

हालत चाहे जो भी हो, आपको अपने लक्ष्य से नहीं डिगना। ऐसे घमंडियों के स्तर पर उतरने के बजाय, अपनी ऊंचाई बनाए रखें। सभी चीजों को सही नजरिए से देखें। आपको बेरुख़ी का जवाब रुखाई से नहीं देना। ऐसे व्यक्ति को अहसास नहीं होता कि वही ब्रह्माण्ड में इकलौता व्यक्ति नहीं है। आपको पूरी दृढ़ता, आत्मविश्वास व विनम्रता से उनसे पेश आना है।

वह एक दिन स्वयं ही ठोकर खाएगा, किंतु आपको हमेशा स्वयं को ऐसे लोगों से बचाना है।

●

आत्मदया से कैसे निबटें?

विकीपीडिया के अनुसार अपने ऊपर दया दिखाना या तरस खाना, उस व्यक्ति की मानसिक अवस्था है, जिसने किसी प्रतिकूल परिस्थिति को नहीं स्वीकारा और और न ही उसका सामना करने की क्षमता रखता है। उसे लगता है कि वह द्:खद परिस्थितियों का शिकार होने के नाते सहानुभूति पाने का हकदार है। यह एक नकारात्मक भाव है क्योंकि इससे प्रतिकूल परिस्थितियों के प्रबंधन में कोई सहायता नहीं मिलती। सामाजिक परिदृश्य में, इसके दर्शाने पर सलाह या सहानुभूति मिल सकती है, यदि इसके साथ स्थिति को बदलने का साहस व चुनौती शामिल हो, तो इसे सामान्य भी कह सकते हैं।

जब भी हम किसी कठिन परिस्थिति का सामना करते हैं, तो अपने ऊपर दया दिखाते हुए करते हैं कि हमारे साथ यह नहीं होना चाहिए था। हम जान बूझकर स्वयं को आत्मदया का शिकार बना देते हैं।

इसे आप आधुनिक कायरता भी कह सकते हैं। यह इस धारणा से उपजती है कि न तो हमें कोई पसंद करता है और न ही हमारी प्रशंसा करता है। वास्तव में यह एक विध्वंसक भाव है। प्रत्येक व्यक्ति को इसका शिकार होने से बचना चाहिए।

आप निर्धन हो सकते हैं, किंतु इसके लिए अपने ऊपर तरस न खाएँ। ऐसी परिस्थिति में, गरीबी से ऊपर उठने की कोशिश करें, कड़ी मेहनत करें, अपनी शिक्षा का स्तर बढ़ाएँ ताकि आपको ऊँचे वेतन वाला पद मिल सके। दूसरों के साथ अपनी निराशा या मायूसी बाँटने के बजाय अपने हालात बदलने की कोशिश करें।

आत्मदया आपके सबसे बड़े शत्रुओं में से एक है, यह आपकी सारी आशाओं व आत्मविश्वास को नष्ट कर देती है। अपने आपको हीन या बेचारा कभी न मानें, इससे हमारा नज़रिया धुंधला जाता है। हर किसी के ऊपर

कोई-न-कोई भार होता है, परंतु प्रत्येक व्यक्ति को अपना ही बोझ सबसे बड़ा लगता है।

जिस तरह भोजन में विष होता है, उसी तरह आत्मदया भी हमारे अस्तित्त्व के लिए काम करती है। यह विश्वास के विपरीत है। इसका अर्थ है कि आप किसी भी परिस्थित के लिए स्वयं को दोषी ठहरा रहे हें। यह हमें हमारी ही नज़रों में नीचा गिराने के साथ-साथ हमारे जीवन की गुणवत्ता को प्रभावित करती है। जब तक हम जीवित रहेंगे, कोई-न-कोई समस्या तो रहेगी ही, किंतु उन समस्याओं के लिए अपने ऊपर दया दिखाना कोई हल नहीं है।

हमें अपने हितों की रक्षा करनी है तथा यह नहीं मानना कि हम आत्मदया का शिकार हैं, यदि हमारे पास जीवन की सारी अच्छी वस्तुएँ न हों, तो भी हमें उन सब वस्तुओं पर ध्यान केंद्रित करना चाहिए, जो हमें ईश्वर ने दी हैं व दूसरों के पास नहीं हैं। अपनी तुलना करोड़पति व लखपति लोगों से करने के बजाय हमें याद रखना चाहिए कि सरकारी आंकड़ों के अनुसार, इन करोड़ों भारतीयों की प्रति व्यक्ति दैनिक आय बीस रुपए है। यह जानकर ही आप स्वयं को सौभाग्यशाली महसूस करेंगे कि आप उन भारतीयों से तो कहीं किस्मत वाले हैं।

मैं यह नहीं कहता कि हमें अपने करियर में आगे बढ़ने का प्रयास नहीं करना या कोई महत्वाकांक्षा नहीं पालनी। बस यह ध्यान रहे कि आत्मदया न केवल अपने प्रति, बल्कि ईश्वर के प्रति भी पाप है। यह हम पर ही निर्भर करता है कि हम किसी चीज़ को सौभाग्य या दुर्भाग्य में बदल दें। यदि आपको लगता भी है कि आपको पूरा मान या प्रतिव्य नहीं मिली, तो भी उस पर ध्यान न दें। जो कुछ भी जन्मा है, नश्वर है, किंतु हमें यह ध्यान रखना है कि हमारी जीवन यात्रा रोते-बिसूरते नहीं, बल्कि पूरी शान से व्यतीत हो।

मेरे माता-पिता 1947 में, मेरे व मेरी दो बहनों सहित पाकिस्तान से यहाँ आए थे। मैंने कभी भी अपने स्वर्गीय पिता महंत करतार सिंह जी को किस्मत या भाग्य को कोसते नहीं देखा। वे हमेशा मुझे यही प्रार्थना करने को कहते, "ईश्वर मुझे मन की शांति व सौम्यता के साथ, सभी परिस्थितियों को स्वीकारने का साहस दे।"

वह भी समय था, जब वे पाकिस्तान में दो हजार एकड़ से ज्यादा ज़मीन छोड़ आए; उन्होंने घास काट-काट कर बेची। मैंने भैंसे चराईं, मैं नहर में दूसरे पशु व भैंसें भी खुशी-खुशी नहलाता, ताकि मैं भी वहाँ नहाने का आनंद ले

सकूँ। मैंने कभी भी अपने पिता को किसी को कोसते नहीं सुना। वे मायूस होने के बजाय हमेशा कोई-न-कोई उपाय तलाशते। वे अक्सर मुझसे कहते कि यदि तुम अच्छा स्वीकारने के लिए तत्पर हो, तो तुम में बुरे को स्वीकारने की भी शक्ति होनी चाहिए।

हमारी जिंदगी में बोझ से कमर नहीं टूटती, बल्कि उसे उठाने के तरीके से फर्क पड़ता है। हमें कभी भी अपने दुःख-दर्द की कहानी दूसरों को नहीं सुनानी चाहिए। यह एक छुतहा रोग की तरह है। एक अजीब तरह का नशा है। बैठकर अपने ऊपर तरस खाने के बजाय ऐसे हालात से निकलने का सोचें। आत्मदया असुरक्षा की सूचक है। हमें इसे अपनी निजी समस्या के रूप में लेना है व समाधान का उपाय तलाशना है। यह एक नापसंद आदत की तरह है; जैसे कोई पोशाक पसंद नहीं आई तो उसे बदल सकते हैं। आपको सकारात्मक सोच अपनाने के लिए निरंतर प्रयास करने पड़ेंगे। अच्छे दोस्त, भले व पसंदीदा व्यक्तियों का साथ पाने के लिए आपको कुछ हट कर करना होगा। थोड़े प्रयत्नों के बाद आप इस आत्मदया की लत को अपने जीवन से निकालने में' सफल हो जाएँगे। ●

एक सार्थक जीवन कैसे जिएं?

प्रत्येक पीढ़ी किसी दूसरे की गलतियों से सबक लेने के बजाय, खुद ही गलतियाँ करती है। फिर उसे अहसास होता है कि ये अनुभव तो दूसरों की गलतियों से भी लिए जा सकते थे। वैसे कभी-कभी वे अनुभव हमारे जीवन के लिए प्रासंगिक भी नहीं होते। हमारे सामने आने वाली प्रत्येक परिस्थिति भिन्न होती है अत: लोगों की प्रतिक्रियाएं भी भिन्न-भिन्न हो सकती हैं।

तकरीबन लोगों की समस्या यही है कि उन्हें प्रत्येक परिस्थिति में अपनी पहल ही सबसे बेहतर लगती है। कोई भी जीवन गलतियों से रहित नहीं होता। एक परिस्थिाति में, जो बात सही लगती है, जरूरी नहीं कि दूसरी परिस्थिति में भी वही सही हो। आजकल बिजली के पंखे व ए.सी. आदि सभी सुविध ाएँ आम हो गई हैं। भारतीय स्वतंत्रता के प्रारंभिक वर्षों में, छात्रों के पास रात को पढ़ने के लिए केवल मिट्टी के तेल की लालटेन या दिये की रोशनी ही होती थी। अधिकतर लोगों के पास, भोजन पकाने के लिए केरोसीन के स्टोव तक नहीं थे। किसी ने रसोई गैस का नाम तक नहीं सुना था, लेकिन अब हम कहाँ तक आ पहुँचे हैं। एक वह भी दौर था, जब साइकिलें भी नाममात्र को ही थीं। ग्रेजुएशन तक छात्र के रूप में मैं भी स्कूल-कॉलेज पैदल ही आता-जाता। सिर्फ आने जाने के लिए, रेलवे स्टेशन से तीन कि.मी. तक अपना सामान खुद ढोता था। वे 2 आने, आज के एक रुपए के 12 पैसे के बराबर हैं।

चूंकि पैसे की तंगी थी इसलिए स्वर्गीय पिता जी, ग्रेजुएशन के बाद एक साइकिल ही दिलवा सके। हकीकत यही है कि या तो हालात का रोना रोते रहें या मुस्कुरा कर उन्हें सहें। हम किन हालात में किस तरह से पेश आते हैं, यह हमीं पर निर्भर करता है।

हम ही किसी मुश्किल चीज़ को अपने लिए आसान बना सकते हैं क्योंकि इस जीवन में सचमुच कुछ भी असंभव नहीं है। यह भी हमीं पर निर्भर करता

है कि हम सफलता की राह में आने वाली बाधाओं से घबरा जाएँ या थोड़ा-सा और प्रयत्न करते हुए, उनसे पार पा लें।

कोई असफलता पसंद नहीं करता, फिर चाहे आप कोई भी बहाने क्यों न दें। इस जीवन में बहानों से सफलता नहीं मिलती। हमें बहाने बनाने के बजाय, लक्ष्य प्राप्ति में अपना समय लगाना चाहिए।

हमारे पास सेहत, काम, सहकर्मियों, अधीनस्थों या जीवनसाथी से जुड़ी समस्याएँ हो सकती हैं। जो भी हो, यह हमारा अपना जीवन है; हमारे असंतोषजनक भूत, वर्तमान या भविष्य के लिए कोई भी बहानेबाजी काम नहीं आएगी।

आगे बढ़ने का एकमात्र तरीका यही है कि आप अपने लिए दूसरों की अपेक्षाओं से कहीं ऊँचे मापदंड तय करें। हमें उद्देश्य की राह में आने वाली कठिनाईयों का मायूसी व निराशा से सामना नहीं करना। कोई भी जीत; पार की गई बाधाओं व बिना बहानों के ईमानदारी से किए गए प्रयासों की विजय गाथा होती है। सफल होने में भी उतनी ही मेहनत लगेगी, जितनी बहानेबाजी में तो आप सफल ही क्यों नहीं हो जाते?

रुचि तथा वचनबद्धता में एक अंतर है। आपको कोई कार्य पूरा करने के लिए वचनबद्ध होना होगा तथा स्वयं से वादा करना होगा कि काम पूरा होने से पहले चैन की साँस नहीं लेंगे। एक सामान्य रुचि से आप वांछित नतीजे नहीं पाएँगे। जब आप किसी कार्य के प्रति वचनबद्ध होते हैं, तो स्वयं या दूसरों से किसी भी तरह के बहाने नहीं सुनना चाहते। आपको नतीजे पा लने तक संतुष्टि नहीं मिलती। ज्यादातर असफलताएँ उन्हीं लोगों से जुड़ी होती हैं, जिन्हें बहाने बनाने की आदत होती है।

जीवन के प्रत्येक पहलू में हम कारण तथा प्रभाव का नियम स्पष्ट रूप से देख सकते हैं। कोई भी सक्षम डॉक्टर, एक प्रबंधन विशेषज्ञ या प्रशासक यूँ ही नहीं बनता। यह निरंतर केंद्रित प्रयत्न, समर्पण कड़े तथा परिश्रम का प्रतिफल होता है। इस तथ्य से भी कोई इंकार नहीं कर सकता कि कारण व प्रभाव के नियम का उल्लंघन, अपने ही नतीजों के साथ सामने आता है। जिस तरह बीज व उसके फल को अलग नहीं कर सकते, उसी तरह कारण व प्रभाव के नियम को भी अलग नहीं किया जा सकता।

हमें उद्देश्यहीनता से परे हट कर; अपने उद्देश्य के बारे में सोचना व कार्य करना होगा। हमारे विचार, कार्य व शब्द ही बूमरैंग की तरह, हमारे कार्यों

व प्रतिक्रियाओं के रूप में बंट कर, हमारे पास आते हैं। सफलता, प्रसन्नता या दण्ड; हमारे ही कार्यों तथा विचारों का परिणाम होता है। हमने अतीत में किस पर बल दिया, वर्तमान उसी का प्रतिफल है।

कड़ी मेहनत से मिले सबसे अधिक अंक यानी अच्छा वेतन व समाज में तथा अपने मित्रों-परिचितों के बीच एक नई पहचान व सम्मान। बुद्धिमतापूर्ण नीति यह होती है कि हम समस्याओं से निबटने के लिए खुद दूसरों को निर्देशित करने के बजाय स्वयं को निर्देशित करने पर ध्यान केंद्रित करना सीखें।

किसी कार्य में सफल न हो पाने के बहाने तलाशने के बजाय, समस्या का हल तलाशने में समय लगाएँ, तो कहीं बेहतर होगा। थोड़े प्रयास यानी थोड़े नतीजे, श्रेष्ठ प्रयास यानी श्रेष्ठ नतीजे।

काम और खतरे की संभावना के सिवा कोई पुरस्कार नहीं मिलता क्योंकि यहीं कारण तथा प्रभाव के नियम का कहना है। यदि हम लोगों को चाहेंगे, तो लोग भी हमें चाहेंगे। कठिन-से-कठिन हालात में भी आशा की किरण दिखाई देगी। हम तकरीबन लोगों या चीजों से नहीं, बल्कि उन्हें अपनी तरह से लेने की वजह से परेशान होते हैं गुस्से व दुःख से हम स्वयं को ही ज्यादा चोट पहुँचाते हैं बजाय उन चीजों या लोगों के जिन पर हमें क्रोध हो। याद रखें, गाने की इच्छा रखने वाले को गानों की कमी नहीं होती। एक चीनी कहावत के अनुसार अपने दिल में एक हरा-भरा पेड़ रखें, शायद वहाँ गाने वाली चिड़िया आ जाए!

●

दुनिया में कुछ अलग कैसे कर दिखाएँ?

हम सभी दुनिया में कुछ अलग व बेहतर कर दिखाना चाहते हैं। कोई भी काम करने से पहले, उसे सोचें। बिना सोचे-समझे बोलने या कार्य करने से ही हमारी तकरीबन समस्याएँ पैदा होती हैं। यदि हम बोलने से पहले सोच लें, तो कई तरह की परेशानियों से बच सकते हैं। इससे सभी को फायदा होगा। निरुत्साहित होने के बजाय स्वयं को प्रोत्साहित करना अपनी आदत बना लें। इससे कई गुना प्रभाव होगा। याद रखें, हमें भी हर काम के लिए प्रोत्साहन की आवश्यकता होती है। हम सभी तारीफ करने व हौसला बढ़ाने वालों को पसंद करते हैं।

कई बार लोग इसलिए भी सफल होते हैं, क्योंकि किसी ने उन्हें सही समय पर प्रोतसाहन दिया था। छः वर्ष की सेवा के साथ युवा जिला पुलिस प्रमुख के रूप में मुझे कर्नाटक सरकार के चीफ सैक्रेट्री की ओर से प्रशस्ति पत्र मिला। यह पत्र मुझे आज भी याद है, उसमें लंबे समय तक देश में बने रहने वाले विदेशियों को वापिस भेजने के मेरे प्रयासों की प्रशंसा की गई थी।

मैं इतना उत्साहित हुआ कि सारी रात सो नहीं सका। इससे मुझे और भी निष्ठा, समर्पण व ईमानदारी के साथ अपना कार्य करने का प्रोत्साहन मिला। मैंने भी इसी तरह अपने अधीनस्थों का हौसला बढ़ाने का सिलसिला शुरू किया और उन्होंने भी कई असाधारण कार्य कर दिखाए।

इसने मेरे लिए विश्वास और भरोसे की एक ऐसी दुनिया बनाई, जहाँ मैं, दूसरों की सहायता से अधिक-से-अधिक पा सकता था। मैंने कभी दूसरों की मदद करने या प्रशंसा करने में कोताही नहीं बरती। इस तरह मुझे उन लोगों से भी प्यार, मान व प्रशंसा प्राप्त हुई। अपने दीर्घकालीन सेवा अनुभवों से मैंने यह भी जाना कि चाहे कोई छोटा हो या बड़ा; सभी प्रशंसा व प्रोत्साहन पाने की चाह रखते हैं। यहाँ तक कि जब-जब मैंने देश के प्रधानमंत्रियों को भी सराहा,

उन्होंने भी हमेशा हामी भरी या मुस्कान दी, जो कि इस बात का संकेत थी कि उन्हें मेरी कही बात पसंद आई।

हम किसी को भी प्रोत्साहन के रूप में खूबसूरत उपहार दे सकते हैं। इससे लोगों के बीच की दूरियाँ पाटने में भी मदद मिलती है, किंतु यहाँ ध्यान दें कि यह प्रोत्साहन सच्चा होना चाहिए।

मेरे कुछ सहकर्मियों द्वारा हमेशा ऐसा दिखावा किया जाता कि उन्होंने ही सारा काम किया है। वे बॉस को यूँ जताते हैं कि मानो उनके सिवा किसी ने कुछ किया ही न हो। इस तरह वे दूसरों के काम का श्रेय भी स्वयं लेने का प्रयत्न करते हैं।

मैंने कभी ऐसा नहीं किया क्योंकि यह तो चोरी ही कहलाती। दूसरी बात का ध्यान यह रखा कि जब भी, जहाँ भी, किसी भी पद या ओहदे के व्यक्ति से मिला, हमेशा विनम्रता, शिष्टता व पूरे आदर-भाव से पेश आया। मेरे एक सहकर्मी ने यह कह कर मेरी तारीफ की कि बड़े-बड़े सरकारी ओहदों पर पहुँचने के बाद भी, सबके साथ पहले की तरह विनम्र बना रहा। दूसरों के प्रति सम्मान दर्शाना, अच्छा शिष्टाचार भी है। दूसरों को सम्मान देंगे, तभी तो मान पाएँगे। मैंने पूरी व्यावसायिक पहल के साथ; समर्पण व निष्ठा भाव से अपनी नौकरी निभाई। मैंने जो भी काम किया, दिल से किया; किसी भी परियोजना को जी का जंजाल नहीं माना।

जिंदगी में कुछ अलग कर दिखाने का यह तरीका भी होता है कि आप जो भी कार्य आरंभ करें, मान कर चलें कि आप उसमें अवश्य सफल होने वाले हैं। मैं कभी असफल होने के बारे में सोचता तक नहीं, यदि कभी किसी कार्य में असफल हो भी जाऊँ, तो भी उसे अंतिम असफलता न मानते हुए एक अस्थायी बाधा मानता हूँ, जिसे अगले प्रयास द्वारा पार किया जा सकता है।

मैंने कोई भी कार्य शुरू करने से पहले, उससे जुड़ी संभावनाओं को परखने व पहले से ही सुरक्षात्मक कदम उठाने की जो तकनीक अपनाई, उसी के कारण मैं अपने जीवन, संसार व कार्य क्षेत्र में कुछ अलग करने का साहस पा सका। मैं सफल क्यों नहीं हो सकता, इसके कारण तलाशने के बजाय मैंने यह खोजने की कोशिश की कि मैं सफल क्यों हो सकता हूं?

मैं इस बात की परवाह नहीं करता कि कितने लोगों ने किसी काम को नामुमकिन कह दिया था, कितने उसे करने में असफल रहे? मैं जानता हूं कि

मैं जो भी कर रहा हूं, वह मेरा पहला प्रयास है। यदि किसी कारणवश मेरे किसी सपने के हजार टुकड़े भी हो जाएँ, तो मैं बिना किसी भय के उन्हीं बिखरे टुकड़ों से नई शुरुआत करूंगा।

यह दुनिया गोल है, जहाँ आपको किसी चीज़ का अंत दिखता है, वह उसकी शुरुआत भी हो सकती है। बेशक हम हमेशा जीतने की उम्मीद तो नहीं रख सकते, लेकिन हमेशा हारने की भी योजना बनाना ठीक नहीं है। हमें जीतने की ही योजना बनानी होगी।

सबसे पहले तो हमें मन, वचन और कर्म से वचनबद्ध होना होगा। बड़ा व ऊँचा सपना देखना होगा।

छोटी सोच के दायरे में स्वयं को सीमित न करें। लोगों ने अनेक ऊँची उपलब्धियाँ इसलिए भी पाईं क्योंकि उन्होंने पीछे हटने से इंकार कर दिया। एक बार में एक ही काम चुनें व उस पर केंद्रित हों तथा उसे ही अच्छी तरह करते हुए पूर्णता प्रदान करें। स्वयं को कई तरह के मिशनों व परियोजनाओं में न उलझाएं। खिलाड़ियों को ही लें, वे केवल एक ही खेल चुनते हैं; जैसे-दौड़ना, तैराकी, हॉकी व फुटबॉल आदि। फिर वे उसी एक खेल का अभ्यास करते हैं। आपके आस-पास चाहे जो भी घट रहा हो, अपने कार्य पर केंद्रित रहें। केंद्रित रहें व पूरी दृढ़ता से डटे रहें। जो भी करें, उसका पूरा आनंद लें।

एक पुरानी कहावत के अनुसार, "सभी को स्वर्ग का ताला खोलने की चाबी दी गई है; किंतु वही चाबी नर्क का द्वार भी खोलती है।" आपको जीवन में अधूरी प्यास मिटाने के लिए लेमन को लेमनेड में बदलना है आपको अपना भविष्य जानने के लिए ज्योतिषी के पास जाने की कोई जरूरत नहीं है। याद रखें कि आप अपने ही प्रयासों व उद्यमों से अपनी किस्मत बना सकते हैं, इस दुनिया में कुछ हट के कर सकते हैं। ●

एक कारगर कार्य सूची से कैसे करें जीवन व कार्य का प्रबंधन?

हम सब जीवन में सरलता से सब कुछ पा लेना चाहते हैं, किंतु सच्चाई तो यही है कि हमें लगातार इस पर व इसके लिए काम करना पड़ता है। इसके लिए आपको, थोड़े से वक्त, कागज व कलम के सिवा किसी दूसरे निवेश की जरूरत नहीं है। इसका कोई सही या गलत तरीका नहीं होता। कार्य की योजना बनाते समय, आप अपनी मर्जी से कोई भी तरीका या ढाँचा अपना सकते हैं।

माना आपने दिन के कामों की सूची बना ली, लेकिन आपका काम यहीं खत्म नहीं होता। दिन बीतने के साथ-साथ कई नई तरह के काम सामने आ जाएँगे। हम जीवन में चाहे कुछ भी करते हों, कार्य सूची से अधिक कार्य होने की संभावना बनी रहती है।

मैं तो हमेशा यही कोशिश करता हूँ कि कार्य सूची में, दिन के छोटे-बड़े सभी काम शामिल करूँ। फिर चाहे वह टूथपिक खरीदना हो या टूथपेस्ट; कंप्यूटर प्रिंटर का कागज खरीदना हो या बैंक से पैसे निकलवाना, चैक जमा करवाना हो या किसी दूसरे को फोन करना या फिर किसी से मुलाकात करना।

यह ध्यान रखें कि आपकी सूची पूरी तरह से बने। जितने ज्यादा काम याद करके लिख पाएँगे, दिन उतना ही आराम से बीतेगा। यह ध्यान दें कि आपको कम-से-कम याद रखना पड़े। सूची बनाने के बाद महत्त्वपूर्ण कार्यों की प्राथमिकता सूची तैयार करें, गैर महत्त्वपूर्ण कार्यों को सूची में नीचे ले जाएँ। आपकी व्याससायिक भेंट, कोई औपचारिक कार्यक्रम या काम से जुड़ी जिम्मेवारियाँ आपकी पहली प्राथकिता होनी चाहिए। इसमें बच्चों को स्कूल ले जाने या छोड़ने जैसे अनिवार्य कार्य भी शामिल हो सकते हैं। हम सभी के पास, पूरे दिन में उत्पादक व गैर उत्पादक समय होता है। हमें अपने खास कामों के लिए उत्पादक समय को बचा कर रखना चाहिए। मुश्किल काम के बाद आसान काम को रखें या लंबे काम के बाद कोई छोटा काम करें।

रोजमर्रा के कार्यों व परियोजनाओं की सूची के अलावा दीर्घकालीन लक्ष्यों की भी सूची बनाएँ। आपकी रोजमर्रा की सूची, उस दीर्घकालीन सूची के लक्ष्य तक बढ़ने का ही एक कदम होना चाहिए।

अपने आराम व मनोरंजन के लिए भी थोड़ा वक्त निकालना न भूलें; जो कि किताब पढ़ने, वीडियो देखने या परिवार के साथ बाहर जाने के रूप में हो सकता है। अगर आपको लगे कि दिन बीतने पर भी आप वांछित परिणाम नहीं पा सके, तो जान लें कि यह आत्मपरीक्षण का समय है।

आप पाएँगे कि दिन में कई गैर जरूरी कामों व रुकावटों की वजह से समय नष्ट हुआ और कुछ नहीं हो पाया। आरंभ में पाँच कार्यों की सूची से चलें, उन्हें पूरा करने के बाद दूसरे काम लिखें। काम करते समय हमें तनावरहित या फिर कम-से-कम तनावग्रस्त होना चाहिए। तनाव से आपकी क्षमता घटती है और जिन चीजों पर आप केंद्रित हों, उनकी गुणवत्ता प्रभावित होती है।

इंटरनेट के कारण हम ई-मेल या दूसरे वेब-उपकरणों की मदद से स्वयं को याद दिला सकते हैं कि कौन-से जरूरी काम करने वाले हैं। बेशक इसके लिए आपको इंटरनेट से जुड़ कर, कंप्यूटर में तयशुदा कार्यों को दर्ज करना होगा।

आप एक डायरी या खुले पन्ने भी इस्तेमाल कर सकते हैं। डायरी पास होगी तो इंटरनेट आदि की भी जरूरत नहीं है।

मैं यहाँ इन सभी साधनों का मिला-जुला रूप इस्तेमाल करता हूं। जैसे -इंटरनेट, दीवार कैलेंडर, डायरी व मेरा आई फोन। बेशक, सब कुछ दर्ज करने में थोड़ा समय तो लगता है, किंतु इतना तय हो जाता है कि मैं कुछ भी नहीं भूलूंगा। मेरा पी.ए. दीवार कैलेंडर पर सब दर्ज करता है व मुझे सुबह-सुबह, उस दिन की जरूरी मुलाकातों व कार्यों की याद दिलाता है। वह किसी भी जगह के नाम-पते की फोटोकॉपी ड्राईवर को भी दे देता है, ताकि कोई बाहर का काम होने पर ड्राईवर मुझे वहाँ समय पर ले जा सके।

मेरा दोस्त हमेशा अपने साथ पीडीए रखता है। माइक्रोसॉफ्ट आउटलुक भी 'टू डू लिस्ट' बनाने का बेहतर माध्यम है।

एक दूसरा दोस्त चिपकाने वाला नोटपैड इस्तेमाल करता है। काम चाहे उलझन भरा है, लेकिन कोई भी काम भूलने या टूटने की संभावना नहीं रहती हम स्वयं ही अपने तरीके से, अपने जीवन को गढ़ने का हक रखते हैं। कई

लोग कहते हैं कि उन्हें वक्त ही नहीं मिलता, जबकि सच्चाई यही है कि हम सभी को जीवन में काम करने के लिए चौबीस घंटे का ही वक्त मिलता है।

कुछ लोगों के पास अपने जीवन और करियर से जुड़े कामों के लिए हमेशा वक्त होता है, जबकि दूसरे लगातार माँगों व जिम्मेवारियों के दबाव तले होने के बहाने बनाते रहते हैं। स्वयं को व्यर्थ, गैर-उत्पादक व निरर्थक कामों, जिम्मेवारियों व मुलाकातों से मुक्त रखना, आपका ही काम है।

मुझे अनेक समूहों से जुड़ने व उनका सदस्य बनने के निमंत्रण मिलते रहते हैं। मेरे लिए वे पूरी तरह से व्यर्थ और समय को बरबादी के सिवा कुछ नहीं है।

अजनबियों या फिर सामान्य परिचितों से बातचीत में समय गंवाने के बजाय मैं कोई पुस्तक पढ़ना या किसी पुस्तक के लिए लेख लिखना कहीं बेहतर समझता हूं।

हम जो भी करना चाहें, उसे करने के लिए पर्याप्त समय निकालने के लिए, नियमित रूप से रोजमर्रा की गतिविधियों पर नजर रखनी होगी। समय नष्ट करने वाले कार्यों को घटा देना होगा। इस तरह बचाए गए समय से आप मनचाहे कार्य कर सकते हैं याद रखें, यह जीवन आपका है, आप इसे जैसा चाहे बना सकते हैं। टू डू लिस्ट, आपके लक्ष्य तक पहुंचने का एक तरीका है। यह आप पर ही निर्भर करता है कि आप किस तरह दूसरों की प्राथमिकताओं, सलाहों या इच्छाओं पर जीने के बजाय अपनी प्राथमिकताओं के साथ जीते हैं। ●

छोटे वार्तालाप कैसे करें?

थोड़ी-बहुत बातचीत अजनबियों के साथ चुप्पी तोड़ने या सामाजिक समारोहों में लोगों से मेल-जोल का हानिरहित व सुरक्षित तरीका है। हो सकता है कि इस बातचीत का कोई लंबा-चौड़ा उद्देश्य न हो, किंतु प्रायः सामाजिक अवसरों पर, यह प्रयोग में लाई जाती है। इसमें गैरव्यक्तिगत तथा गैरविवादित विषय व मुद्दे शामिल होते हैं; जैसे मौसम, हस्तियों का सामाजिक व राजनीतिक जीवन, सड़कों का ट्रैफिक, देश के ताजा आर्थिक या राजनीतिक हालात या बैंक व डाक की खस्ता हाल सेवाएं आदि।

यह बातें उन लोगों के साथ भी की जाती हैं जिन्हें हम ज्यादा नहीं जानते जैसे -सुबह या शाम को साथ सैर करने वाले, लिफ्ट में साथ सफर करने वाले या साथ-साथ सार्वजनिक वाहन की प्रतीक्षा करने वाले। जब भी मैं किसी डिपार्टमेंटल स्टोर जाता हूँ, तो अक्सर साथ खड़े ग्राहकों व चेक आऊट काऊंटर्स पर खड़े सेल्समैन को मुस्कान देता हूं, उनके लिए मेरा यही छोटा वार्तालाप है। यह व्यक्तिगत नहीं होता अतः किसी पर व्यक्तिगत रूप से हमला नहीं करता।

इसके बिना कई सामाजिक समारोह व दावतें खराब हो जाती हैं क्योंकि वहाँ जाने वाले तकरीबन मेहमान एक-दूसरे को नहीं जानते। यह उन दावतों का प्रमुख भोजन होता है, जहाँ मेहमान केवल मेजबान को जानते हैं। छोटी-मोटी बातचीत से चुभने वाली चुप्पी टूटती है। एक दूसरे के प्रति अभिवादन व परिवार की कुशलक्षेम पूछना भी इसी श्रेणी में आता है। यह एक बेहतर सामाजिक माध्यम है, इसके सही इस्तेमाल के बिना हम रूखे, अक्खड़ व शिष्टाचारहीन दिखते हैं। हमें प्रायः इसका प्रयोग करना पड़ता है; जैसे-गाड़ी या विमान में सफर करते समय, अस्पतालों में डॉक्टरों व नर्सों को हमारी जरूरतों का ध्यान रखने के लिए धन्यवाद देते समय व यहाँ तक कि उन लोगों से भी, जो कि हमें राह चलते आने या जाने का रास्ता देते हैं।

छोटे वार्तालाप हमारे जीवन में काफी अहम भूमिका रखते हैं। हम अक्सर जान नहीं पाते कि इसे कैसे शुरू करें या सामने वाले व्यक्ति से क्या कहें? यह काम अपने-आप में चुनौतीपूर्ण हो सकता है। इसके लिए भी थोड़ी तैयारी की जरूरत होती है, ताकि आपकी बात में दम हो। मैं किसी भी सामाजिक समारोह में जाने से पहले पूरी जानकारी ले लेता हूं कि वह कैसा अवसर है तथा वहां किस तरह के लोग होंगे? मैं अपने ही चुटकुलों की किताब या कोटेशनों पर भी नजर मारता हूं, ताकि सही समय पर उनका इस्तेमाल हो सके। मैं इसकी अति नहीं करता, लेकिन पूरी बातचीत को एक निरंतर चलने वाली प्रक्रिया बनने में सहायता करता हूं। छोटे वार्तालाप का अभ्यास किसी से भी कर सकते हैं; जैसे पड़ोसी, साथ काम करने वाले औपचारिक व सामाजिक रूप से मिलने वाले व्यक्ति आदि। ताजा मामलों की जानकारी के लिए समाचार-पत्र व पत्रिकाएं पढ़ें, आप जिस तरह के दायरे या लोगों के बीच जा रहे हैं, उनकी रुचि से जुड़े विषयों की जानकारी रखें, क्योंकि उनके बीच वैसे ही किसी विषय पर चर्चा छिड़ सकती है। अपने पास एक छोटी डायरी रखें, जिसमें मजेदार चुटकुले, कहानियाँ, उद्धरण व रोचक प्रसंग लिखे हों, इन्हें किसी भी छोटे वार्तालाप के दौरान इस्तेमाल कर सकते हैं। यदि आप एक अच्छे श्रोता बन सकें, तो अपने लिए ऐसी बात का सिरा आसानी से खोज पाएंगे, जो दूसरों को भी रोचक लगे। हमेशा कुछ-न-कुछ नया सीखने व जानने की कोशिश करते रहें, ताकि आप अपने क्षितिज का विस्तार कर सकें और छोटे वार्तालापों में अपना हुनर दिखा सकें। अपनी संगति का ध्यान रखें, लोगों का ध्यान खींचने के लिए भद्दी या फूहड़ बातें न करें। दूसरों को बुरी , अश्लील, असभ्य, आक्रामक या गलत लगने वाली बात न करें। यहाँ आपका आत्मविश्वास व हास्यप्रियता बेजोड़ संपत्ति है। ऐसी बातचीत के दौरान, स्वयं ही न बोलते रहें, दूसरों को भी बोलने का मौका दें। कई बार ये छोटे वार्तालाप संबंधों को बनाने या बिगाड़ने में खास भूमिका निभाते हैं, ऐसी किसी भी बात में शामिल होने से पहले सोचें कि आप क्या कहने जा रहे हैं व दूसरों पर इसका क्या असर होगा? संप्रेषण एक तरफा नहीं होता और ये शून्य में नहीं घटता। आपको पता होना चाहिए कि देश व समाज में क्या घट रहा है। इस बातचीत से आपके आत्मविश्वास व बुद्धिमता का प्रभाव झलकना चाहिए। इस बात के दौरान किसी भी तरह के भाव, आवेग या पूर्वाग्रह का प्रदर्शन न करें।

सामाजिक समारोहों में की जाने वाली बातचीत; गंभीर मुद्दों पर चर्चा का मंच या लोगों को नीचा दिखाने का मौका नहीं होती। ऐसी बातचीत के दौरान चेहरे पर हमेशा मुस्कान बनाए रखें। एक प्रसन्न व मिलनसार व्यक्ति को सभी दिल से चाहते हैं क्योंकि वह जहाँ भी जाता है, खुशियाँ लुटाता है।

इस बातचीत से लोगों का मूड खुशनुमा कर दें, उन्हें उनके बारे में बेहतर महसूस करने का मौका दें, इससे बातचीत का प्रवाह सहज व सरल हो जाएगा। ऐसी बातचीत के दौरान कभी बहस न करें और न ही कोई विवादित मुद्दा उठाएँ। आप चाहें तो किसी की पोशाक, मुद्रा व आचरण आदि पर प्रशंसात्मक वाक्य भी कह सकते हैं, यह भी छोटा वार्तालाप आरंभ करने का सुरक्षित तरीका है। किसी भी तरह की छोटी-मोटी बातचीत शुरू करके, हमें अपना पक्ष नहीं रखना, बल्कि यह तो सामाजिक होने का एक तरीका है।

●

दलदल में फँसने से कैसे बचें?

हम दृढ़ संक्ल्प शक्ति, उद्योग व दृढ़ता के बल पर जीवन में चमत्कार कर सकते हैं। हम सभी में नेतृत्व की विशेषताएं छिपी हैं, जो समय के साथ-साथ कहीं दब जाती हैं। बचपन में हम अपना मनचाहा पाने के लिए आग्रही होते हैं व इतनी आसानी से हार नहीं मानते।

लेकिन 'न' मत करो, नहीं कर सकते! यह मत करो, वह मत करो; तुम यह नहीं कर सकते, तुम वह नहीं कर सकते, मूर्खतापूर्ण सवाल मत पूछो जैसी बातें आपकी सृजनशीलता को तबाह कर देती हैं।

दुर्भाग्य से, यह सब घर से शुरू होता है, हमारे स्कूल व दूसरी शैक्षिक संस्थाओं तक भी जारी रहता है। बाद में, हमारी नौकरी या ऑफिस में भी, यही सब दोहराया जाता है। नतीजन, अपने बारे में सोचने या रचनात्मक होने के बजाय हम हुक्म मानने वाले गुलाम बन जाते हैं।

हालांकि, किसी भी संगठन की उचित कार्यवाही के लिए अनुशासन का होना अनिवार्य है। खैर, यदि हमें अपने जीवन के किसी भी क्षेत्र में नेतृत्व करना हो, तो हमें स्पष्ट रूप से समझना होगा कि नेतृत्व व घमंड साथ-साथ नहीं चल सकते। लोग अक्सर घमंड व दिखावे से नफरत करते हैं। आपको दूसरों का नेतृत्व करने से पहले; दूसरों व उनकी समस्याओं में रुचि लेना सीखना होगा।

प्रभावी नेतृत्व में प्रभावी संप्रेषण भी शामिल है, किंतु प्रभावी संप्रेषण भी तभी संभव है, जब आप एक अच्छे श्रोता भी हों। दूसरों को सुनना भी, यह दिखाने का अच्छा तरीका है कि आप उनमें रुचि रखते हैं।

SWOT (Strength, weaknesses, Opportunities and thret)भी व्यक्तियों तथा बड़े संगठनों के लिए समान रूप से लाभदायक साध न है। इसका समुचित प्रयोग, हमारे निजी तथा व्यावसायिक विकास में सहायक हो सकता है। हमें अपनी ताकत के साथ-साथ कमजोरियों का भी पता होना चाहिए। हर किसी के पास अपनी ताकत या कमजोरियां होती हैं, जिनके बल

पर वह सामने आने वाले अवसरों का फायदा उठाता है या उन्हें चूक जाता है।

अन्य ताकतों के अलावा; दृढ़ता, समय की पाबंदी व काम में पूरी लगन ही मेरी ताकत हैं। मेरी कमजोरी यह है कि मैं अक्सर हड़बड़ी का शिकार हो जाता हूं, मैं बोरिंग या मूर्ख लोगों को बरदाशत नहीं कर सकता, परंतु मुझे अहसास है कि हमें अच्छे व बेहतर के साथ-साथ बुरे को भी स्वीकारना पड़ता है। अतः हो सकता है कोई विकल्प बेहतर न हो, पर मैं उसे समझौते के तौर पर चुन लेता हूं। मैं हमेशा अपनी कमजोरियों के बजाय ताकतों पर केंद्रित रहने की कोशिश करता हूं, ताकि राह में आने वाले किसी भी अनिवार्य अवसर से चूक न जाऊँ। मैं अतीत की उपलब्धियों के आधार पर अपनी ताकतों का हौसला बढ़ता हूं, जो कि कोई भी कर सकता है। यह ध्यान रखें कि हमें रोज़मर्रा के जीवन में कई छोटी-बड़ी चुनौतियों का सामना करना पड़ सकता है; जैसे-कोई बाउंस चैक, नौकरी का तबादला, सेहत या परिवार से जुड़ी समस्या आदि। लोभ किसी भी विपरीत परिस्थिति या संकट से उबरने का बेहतर तरीका है, कोई भी जीवन ऐसा नहीं, जिसमें समस्याएं न होती हों, लेकिन उन पर सिर धुनने से कोई लाभ नहीं होता।

करियर के समाप्तिकाल से थोड़ा पहले, मुझे तत्कालीन प्रधानमंत्री ने सी.बी.आई के निदेशक पद से तबादला करके एक महत्त्वहीन पद दे दिया क्योंकि मैंने उनके, एक प्रभावशाली अपराधी की जमानत करने के आदेशों को मानने से इंकार कर दिया। यह तब हुआ, जब मैं एक इंटरपोल मीटिंग के लिए विदेश में था।

भारत लौटा तो एयरपोर्ट पर ही एक मीडियाकर्मी ने इस विषय में मेरी प्रतिक्रिया जाननी चाही, जो कि कईयों के हिसाब से एक अपमानजनक बात थी। मैंने मुस्कुरा कर कहा, "बढ़िया।" इससे बेहतर क्या होगा। वही ऊंचा सरकारी वेतन और कोई काम नहीं।

कोसने से मेरे हालात तो न सुधरते, बल्कि मेरा दुःख और बढ़ जाता। यहाँ तक कि मैं अपनी नई नौकरी में भी, पूरे जोश व उमंग के साथ औपचारिक कामों में जुटा रहा। मैंने सदा आगे देखने के नजरिए के साथ, सभी नई चीजों को अपनाया। मैंने हालात पर काबू पाया, जो कि शक्तिहीनता के विपरीत है।

हमारे सामने आने वाली हर समस्या, दुनिया का अंत नहीं है। हालांकि, हम दुनिया को नहीं बदल सकते, लेकिन प्रभावी तथा रचनात्मक तरीके से घटनाओं को संभाल ही सकते हैं।

हमें निरंतर, स्वयं को नकारात्मक, अवसादग्रस्त व निराश व्यक्तियों से अपना बचाव करना चाहिए। हमें एक घायल शिकार की तरह कठिनाईयों व संकटों पर अपनी प्रतिक्रिया नहीं देनी चाहिए।

असफलता का अर्थ नीचे गिरना नहीं होता, यहां हमें थोड़ा ठहर कर, नए सिरे से योजना बनानी है। किसी भी असफलता के लिए खुद को या दूसरों को दोषी ठहराने के बजाय थोड़ा सोचें। खुद को दोषी ठहरा कर भी आप अपने जीवन व कर्मों के प्रति अपने उत्तरदायित्व से कतरा रहे हैं। बेहतर होगा कि स्वयं से पूछें, यह क्यों व कैसे हुआ तथा इसे संभालने के लिए किन कौशलों, व संसाधनों की आवश्यकता होगी?

प्राय: हम अपने प्रयत्नों के फलस्वरूप मिलने वाली अच्छी वस्तुओं का श्रेय स्वयं ही ले लेते हैं। ठीक उसी तरह अपने जीवन की मुश्किलों व परेशानियों के लिए भी हमीं उत्तरदायी हैं। हमें संकटों पर पछताने के बजाय वांछित परिणामों पर केंद्रित होना चाहिए।

कई बार हम चेतन या अवचेतन रूप से आत्मवार्तालाप में ही मग्न रहते हैं। कई बार यह बातचीत ही हमारी इच्छा की राह में रोड़ा बन जाती है। हम लगातार अपने दिमाग में मनुष्यों व मुद्दों के बारे में विचार, सोच व फैसलों का जाल बुनते रहते हैं व इस बारे में जान तक नहीं पाते। यह वार्तालाप भी काफी हद तक हमारे मूड, भावों व कामों पर असर डालता है। इस वार्तालाप के दौरान भी स्वयं को नीचा न दिखाएँ।

हमें जीवन में हमेशा कुछ-न-कुछ सीखते रहना चाहिए और अपनी असफलताओं से सबक लेने में झिझकना नहीं चाहिए। उपलब्धियों की तरह हमारी कमजोरियां भी हमारी ही हैं। इस प्रक्रिया में, हमें स्व-वार्तालाप, सोच, दूसरों का समर्थन या फिर चाहे किसी भी माध्यम का सहारा क्यों न लेना पड़े, अवश्य लेना चाहिए ताकि वांछित परिणाम पा सकें। ●